발명특허와 트리즈

강태원 지음

GS인터비전

머리말

삶은 문제해결의 연속인 거 같다! 그래서 이 책이 필요하다.

이 책은 당신이 가진 삶의 문제를 해결하는 방법을 담고 있다. 물론 철학적이고 본질적인 삶의 문제를 다루지는 않는다. 살아보니 그건 쉽게 풀 수 있는 게 아닌 것 같다. 여기서는 그저 매일 부딪치며 당장 해결해야 하는 문제의 답을 찾는 데 쓸모 있는 방법을 알려준다.

누구나 창의성을 말하지만, 창의성이 무엇인지 그리고 창의성을 어떻게 기를 수 있는지 말하지 않는다. 이 책은 창의성을 이해하는 것에서 시작한다. 먼저 우리가 공략할 대상을 알아야 하기 때문이다.

문제는 누가 해결하는가? 뇌다! 결국 문제를 해결하는 엔진은 우리의 두뇌고 창의성 역시 뇌에서 비롯된다. 자연스럽게 우리는 우리의 뇌를 알아야 하기에 뇌의 구조와 작동 방법을 살펴본다. 부드럽기도 하고 딱딱한 자연에서 살아남기 위해 우리 뇌는 역할을 분담했다.

좌뇌는 계산 우뇌는 통찰한다. 정작 중요한 건 나뉜 역할을 통합하는 거다. 나는 좌뇌가 너는 우뇌가 발달했다는 게 중요한 게 아니라. 나뉜 역할을 통합해서 사고의 조화를 이뤄야 창의적이라는 거다. 이 책은 그걸 실현하는 현실적 도구를 제시한다.

트리즈는 알츠슐러라는 사람이 창의성을 "공유"하기 위해 개발한 문제해결 기술이다. 어떤 사람은 다른 사람에 비해 더 창의적인 것 같은데, 그 사람의 창의성을 물건 나누어 가지듯 모두가 나눠 가질 수 있다는 뜻이다. 트리즈를 이용하면 그렇다는 거다. 이 책을 통해 독자도 그걸 가질 수 있다. 모든 문제는 그 내부에 답이 있다. 그런데, 그게 포장지로 싸여있어 잘 안 보인다. 그 포장지를 찢어내는 도구가 트리즈다.

저자는 인공지능을 연구해온 과학자이자 공학자다. 인공지능이 무엇인가? 사람처럼 사고하고 문제를 해결하는 기계를 만드는 분야다. 문제해결의 본질에 대한 배움의 과정에 트리즈를 접했고, 많은 알고리즘 개발의 역사가 모두 트리즈로 설명 가능하다는 걸 알고 놀랐던 기억이 생생하다. 이 책에는 저자가 트리즈 국제공인 level3을 취득하고, 현실에 적용해온 경험이 녹아있다.

이 책 읽기를 마친 독자께서 “어디 풀만 한 문제 없나?”라며 두리번거리시는 모습을 상상해 본다.

차례

01. 창의성

창의성이란?

여러분의 생각은 어떤가?

창의성이란 단어는 너무 흔해서 이 단어를 사용하면 창의성이 떨어지게 느껴질 정도다. 이것이 창의성이다. 흔하지 않은 것! 흔하지 않다는 것은 무엇일까? 그리고 흔하지 않으면 창의적인가? 많은 전문가들이 오랫동안 창의성에 대하여 연구해왔다. 창의성이란 무엇이며, 누가 창의적인가? 그리고 창의성이란 타고나는 것인가? 배울 수 있는 것이기는 할까? 이 책은 창의성을 규명하고 본질을 탐구하는 것이 목적이 아니다. 우리는 단지 창의적으로 사고하는 방법을 배우고자한다. 오랜 연구의 결과는 "누구나 더 창의적일 수 있다"고 말한다. 그것을 위해 필요한 만큼만 알아보도록 하자.

먼저 창의성에 대한 사전적 정의를 알아보자. 다음은 위키백과 사전 창의성 항목을 인용한 것이다.

창의성(創意性, 문화어 : 창발성)은 새로운 생각이나 개념을 찾아내거나 기존에 있던 생각이나 개념들을 새롭게 조합해 내는 것과 연관된 정신적이고 사회적인 과정이다. 창조성(創造性)이라고도 하며 이에 관한 능력을 창의력(創意力), 창조력(創造力)이라고 한다. 창조력은 의식적이거나 무의식적인 통찰에 힘입어 발휘된다. 창조성에 대한 다른 개념은 '새로운 무엇을 만드는 것'이다.
과학적인 관점에서 보면, 창조적인 사유의 결과물은 항상 독창성과 "함께" 적합성을 지닌 것이다. 창의성과 창의적인 행동들은 심리학, 인지과학, 교육, 철학 (특별히 과학 철학), 신학, 사회학, 언어학, 경영학, 경제학 등의 여러 학문 분야에서 연구되어왔다. 그 결과로 창의성에 대한 여러 정의와 접근 방식이 생겨났다.

결국 창의성을 연구하는 분야에서 통상적으로 인정하는 창의성의 정의는 아래와 같다.

"새롭고 가치 있는 것을 생성해내는 능력"

자 그렇다면 또다시 밀려오는 의문? "새롭다"는 것은? "가치 있다"는 것은 무엇인가?

먼저 "새롭고"에 대하여 생각해보자. 정의에서 "새롭고"에 해당하는 영어단어는 new, original, novel, unexpected 이다. 영어단어를 생각해야하는 이유가 있다. 창의성에 대한 정의가 우리나라 학자들이 만든 것이 아니기 때문이다. 그들이 친절하게 한국말로 창의성이란 "새롭고~"라고 해주지 않았다. 창의성을 정의할 그들은 "새롭고"를 단어를 사용하지 않고 위의 네 단어를 사용했다. 따라서 네 단어가 우리말 "새롭고"에 해당한다. new는 가장 일반적인 의미다. original은 우리말로 흔히 "독창적인"으로 번역된다. origin이 기원이라는 점을 생각해보면 의미가 명확하다. 거기서 혹은 그 사람으로부터 처음 시작되었다는 의미다. 새롭다는 뜻이다. novel은 어떤가? 가장 일반적인 뜻은 소설이다. 우리가 흔히 황당한 이야기를 들었을 때 "차라리 소설을 써라!"라고 말한다. "새롭고"는 황당하기까지 할 만큼 낯설다는 뜻이 내포된다. 이쯤 되면 unexpected는 쉽게 받아들 수 있겠다. 기대하거나 예상할 수 없는 것이 새로운 것이다.

무엇이 "가치 있는" 것인가? 학자들이 "가치 있는"의 의미로 사용한 단어는 valuable, useful, adaptive, appropriate다. 가장 일반적인 의미인 valuable외에 유익하다는 useful이 이어 나온다. 쓸모가 있다는 뜻이다. adaptive는 어떤가? 사전을 찾아보면 "적응적인", "순응적인"이란다. 어렵다! 동사로 바꿔보자. "적응시킨다.", "순응시킨다."가 된다. 조금 나아진다. 예를 들어 못을 박아야하는데 망치가 없다. 옆에 오이가 하나 있다. 쓸모가 없다. 그 옆에 빈 콜라병이 하나있다. 못을 꽝꽝 박았다 치자. 그 빈병은 쓸모가 있어졌다. "가치 있는"것이 된 셈이다. 이것이 적응적인 것이다. appropriate는 적절하다는 뜻이다. 무엇인가에 적절하게 만들었을 때 가치 있다고 할 수 있다.

창의적 사고의 구성 요소

창의성에 내포된 구성요소는 무엇일까? 이것은 창의적인 사람들은 어떤 점에서 다른가? 혹은 창의적이기 위해서는 어떠해야 하는가를 묻는 것이다. 1960년대 이래 많은 학자들이 이것에 대해 연구해왔고 다양한 이론들이 제시되었다. 그중 가장 단순한 이론을 통해 창의적 사고를 형성하는 구성 요소를 알아보겠다.

다음 문제를 풀어보자!

1) 빈 칸에 들어갈 알파벳은?
S M T W ( ) F S
P R ( ) D
크다 작다 크다 작다 크다 작다 크다 ( ) 작다 크다 작다 크다

2) 다음 버스의 진행방향은?

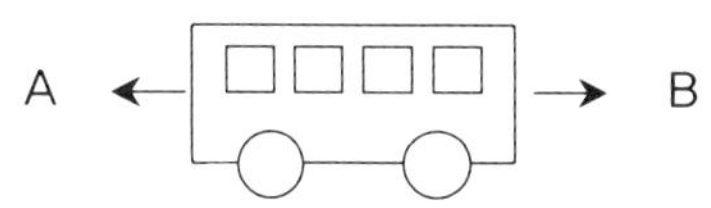

3) 지름 10 cm, 깊이 2 m 원통이 땅에 박혀있다. 탁구공 1개가 빠졌다면 어떻게 꺼낼 수 있을까? 만일 탁구공이 아니라 병아리 한 마리가 빠졌다면 어떻게 꺼낼 수 있을까?

4) 다음과 같은 수열 피라미드에서 다음에 나올 수열은?
1
11
12
1121
122111
112213
12221131
??? ... ???

5) 다음 그림에서 사각형의 개수는?

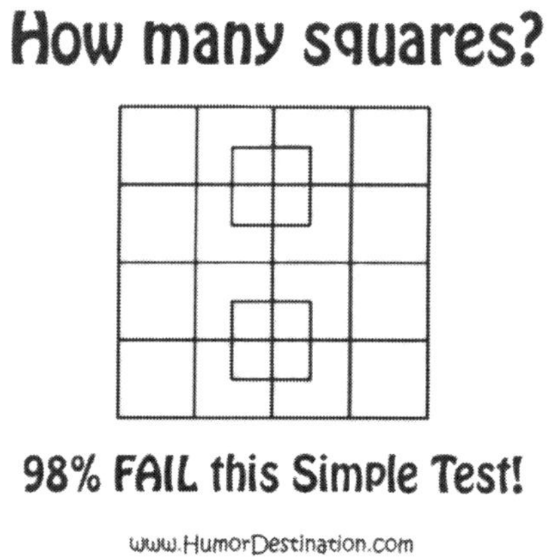

이상의 문제를 해결하는 과정에 우리는 다음과 같은 요소들이 작용함을 알 수 있다.

- 민감성(sensitivity) : 다른 사람들이 당연하다고 생각하는 것에 대하여 깊은 의문과 호기심을 가지는 정도를 민감성이라 한다. 에디슨은 물방울 2개가 합쳐지면 1개가 되는데 왜 1+1=2인가에 의문을 가지고 학교를 그만두었다고 한다. 그는 학교를 다니지 않았기 때문에 이후 실패를 밥 먹듯 하게 되고 오직 끈기만으로 실패를 극복하는 방식으로 위대한 발명을 하게 된다. 그러다보니 남을 이용하고 특허를 훔치는 나쁜 짓을 하기도 한다. 사실 1+1=1이 되는 수학이 없는 것이 아니다. 그것이 바로 디지털 세상을 가능하게 한 부울 수학이다. 아무튼 누구나 인정하는 것에 대해서조차 의문과 호기심을 가지는 민감성은 창의성의 한 요소임이 분명하다.

■ 유창성(fluency) : 얼마나 많이 알고 있는지를 나타내는 지식의 양과 얼마나 빠르게 그것을 생각해내는지를 나타내는 사고의 속도 개념을 유창성이라 한다. 제한된 시간 내에 가능한 많은 개념/유사성/아이디어를 도출해내는 능력을 말한다. 예를 들어 "동그라미"하면 떠오르는 것은 무엇인가? 라는 질문에 7가지를 생각해 내는 것이 5가지를 생각해 내는 경우보다 유창성이 뛰어나다고 할 수 있다.

■ 융통성(flexibility) : 가능한 여러 관점에서 아이디어를 나타내는 능력으로 사고의 폭에 대한 척도를 융통성이라 한다. 예를 들면 "사과"하면 떠오르는 것은 무엇인가?" 라는 질문에 대하여 귤, 붉은색, 동그라미 등 쉽게 떠오르거나 비슷한 종류로 한정하지 않고 전화기, 아담, 윌리엄 텔, 농약, 뉴턴, 의사 등 다양하고 광범위한 것을 떠올릴 수 있을 때 융통성이 뛰어나다고 할 수 있다. 융통성이 없는 사람을 고지식하다고 하는데 이는 한가지 밖에 모르는 사람을 말한다. 융통성 있는 사람은 익숙한 방법이나 물건을 다른 시각에서 보려고 노력하는 사람으로 고정관념에 매이지 않은 것은 창의력을 발휘함에 매우 중요한 요소이다.

■ 독창성(originality) : 평범함을 벗어나 독특한 시각과 관점으로 사물을 대하는 경향을 독창성이라 한다. 독창성은 “어떻게 그런 생각을 했지?” 라는 말을 하게하는 것이다. 앞에서 언급한 것처럼 거기서 혹은 그 사람으로부터 처음 시작되었다고 할 만한 독창적인 생각은 기존의 틀에서 벗어나 참신하고 독특하며 뜻밖의 관점에서 사물을 대할 때 가능하다. 위, 아래, 옆에서 본 과일이 같은 바구니에 담긴 정물화, 액정화면이 옆면까지 이어지는 휴대폰 등은 독창성의 산물이다. SW 제품이 아닌 서비스를 판매한다는 구글의 전략 등이 독창성의 산물이다.

- 정교성(ability to elaborate) : 막연하게 얻어진 아이디어를 다듬고 구체화하여 쓸모 있게 바꾸는 능력을 정교성이라 한다. 그림이나 말이 구체적이고 사실적일 때 정교성이 뛰어나다고 한다. 발명에 있어서는 예를 들어 신발이 길을 안내해주면 좋겠다는 막연한 아이디어를 다듬어 gps를 부착하고 내비게이션 기능을 갖는 스마트 신발을 개발하였다면 정교성이 작용하였다고 할 수 있다.

사실 학자들에 따라서는 더 많은 반대로 더 적은 구성요소를 제시하기도 한다. 그것을 세부적으로 다루는 것은 이 책의 목적은 아니다. 우리는 가장 보편적으로 받아들이는 5가지 구성요소에 대하여 알아보았다. 5가지 개념들이 명백하게 구분되기는 하지만 한마디로 요약하자면 창의성이란 "관계없는 것(혹은 관계없다고 여기는 것)을 관계 맺는 것"이다. 누군가 깜짝 놀랄 제안을 했을 때 우리는 "어떻게 이것과 그것을 묶을 수 있다고 생각해냈을까?"라고 말한다. 바로 그런 능력이 창의력이다.

02.

뇌와 창의성

세상은 딱딱한가? 부드러운가?

여러분의 생각은 어떤가?

이 질문에 대하여 많은 사람들이 세상은 인정이 넘치기 때문에 부드럽다거나 반대로 세상이 몰인정하여 딱딱하다고 답한다. 그런 이야기가 아니다. 주위를 둘러보자. 물, 고무호스, 빵, 나뭇잎은 부드럽다. 돌, 쇠파이프, 사탕, 널빤지는 딱딱하다. 그렇다. 세상은 딱딱하기도 하고 부드럽기도 하다. 세상에는 "몇 개"라고 물을 수 있는 것과 "얼마나"라고 물을 수 있는 것들이 있다. "디지털"과 "아날로그"가있고, "수"와 "공간"이 있다. "이산적인"것과 "연속적인"것이 있는가하면, "산술"과 "기하"도 있다. 우리 인간은 우리가 살아가는 세상 즉 자연의 이러한 속성을 잘 알고 그것을 효과적으로 다루거나 묘사하는 개념을 발전시켜왔다. 어떻게 그랬을까?

딱딱함	부드러움
몇 개?	얼마나?
수	공간
디지털	아날로그
이산	연속
분리	혼합
산술	기하
많음/여럿	하나/전체
좌뇌	우뇌

진화는 우리 뇌를 두 덩어리로 나누었다. 좌뇌는 딱딱함을 우뇌는 부드러움을 이해하고 다루도록 역할을 분담하게 되었다.

다음 그림을 보자 무엇이 보이는가?

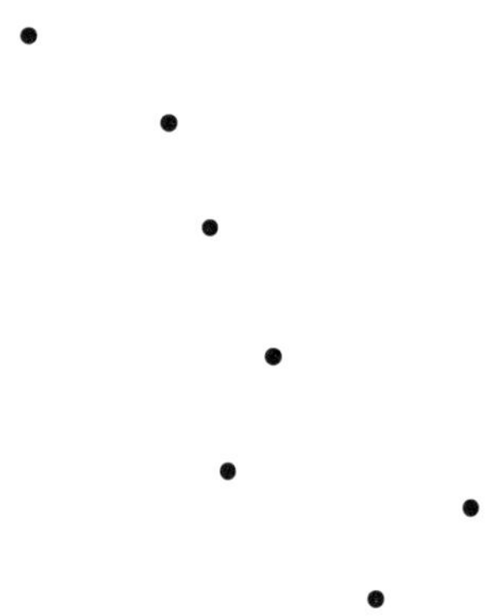

북쪽하늘 일곱 개의 별 북두7성이다. 좌뇌가 작동한 것이다. 7이라는 숫자를 인식한 것이다. 우리는 큰곰자리 꼬리부분에 위치한 이 별자리를 보며 국자를 떠올린다. 우뇌가 작동한 것이다. 우뇌는 아래 그림과 같이 있지도 않은 선을 그려준다. 그래서 우리는 국자 모양을 인식할 수 있다.

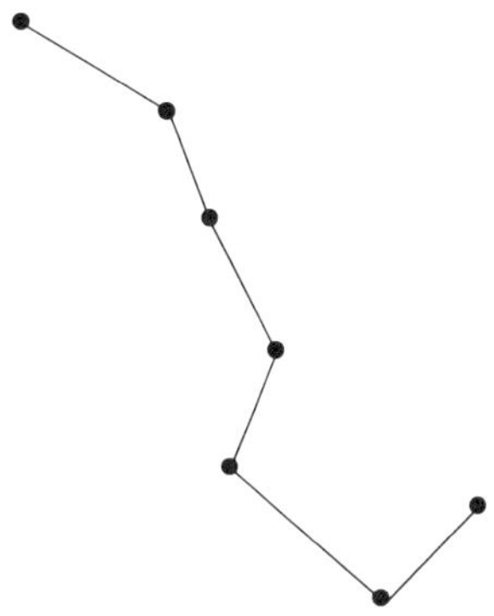

사실 별자리라는 것들이 다 그렇다. 있지도 않은 선을 머릿속에 그려 여러 모양을 상상할 수 있다.

좌뇌에 문제가 생기면 북두7성을 보면서 7을 이해하지 못할 것이다. 호주의 한 원주민 부족은 3을 초과하는 숫자가 없단다. 그들은 3개보다 많으면 구분하지 않고 그냥 "많다"고 한단다. 물론 그들이 3개와 4개가 다르다는 것을 인식할 수 있을지 모른다. 그러나 4개와 5개를 같다고 생갈 할 수 도 있다. 그들이 "수" 즉, 딱딱함을 우리만큼 이해하고 다룬다고 볼 수는 없다. 우뇌에 문제가 생기면 국자를 떠올리지 못할 것이다. 밤하늘을 바라보며 곰을 그릴 수 없다는 뜻이다.

파충류, 포유류, 사람의 뇌

우리 뇌에 대해 더 알아보기로 하자.

생물학이나 의학이 이 책의 주제는 아니다. 우리는 창의성에 관심이 있다. 따라서 우리는 뇌의 세부적인 구조와 기능을 생물학이나 의학 수준으로 분석할 필요는 없다. 그저 창의성과 관련된 부분만을 추려보면 된다. 이러한 관점에서 사람의 뇌는 다음과 같은 것으로 알려져 있다. 즉, 진화의 과정에 따라 혹은 그것이 발달된 순서에 따라 우리 뇌는 본능의 뇌, 감성의 뇌, 이성의 뇌로 이루어져있는 것으로 알려져 있다.

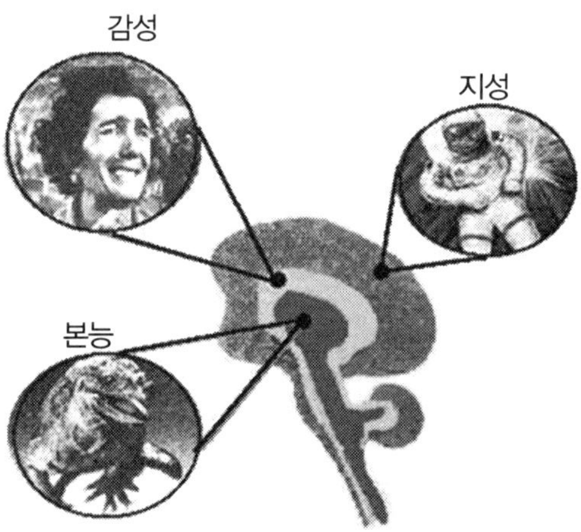

가장 안쪽에 위치한 뇌간 즉, 본능의 뇌는 생명 유지와 관계된다. 수면 중에도 숨 쉴 수 있고 뇌사 상태 환자가 생명을 유지하는 것은 본능의 뇌가 살아있기 때문이다. 이 부분은 악어와 같은 파충류도 가지고 있는 부분이다. 즉, 우리 모두는 어떤 면에서 악어다. 생명의 위협을 받으면 악어와 같이 잔혹하게 대응 할 수 있다.

진화 과정에 다음으로 발달한 곳이 뇌 변연계 즉, 감정의 뇌다. 이 부분은 감정을 담당한다. 이 부분을 통해 인간은 울고 웃고 노래한다. 변연계는 대부분의 포유류들이 가지고 있다. 그래서 그들도 감정이 있다. 개나 고양이도 주인이 서운하게 대하면 삐진다. 함부로 대해서는 안 되는 이유다. 짐승만도 못한 인간이 있을 수 있는 이유이기도 하다.

최근에 발달한 가장 바깥쪽 대뇌피질이 인간을 인간답게 하는 이성의 뇌다. 몸집이 좋았던 오스트랄로피테쿠스가 멸종하고 상대적으로 약한 호모사피엔스가 번성하게 된 이유가 바로 대뇌피질의 발달 때문으로 이해된다. 이 부분을 통해 우리는 계산하고 추론하고 생각한다.

대뇌피질은 전두엽, 후두엽, 측두엽으로 나뉜다. 측두엽은 기억과 관계되고 후두엽은 외부 자극 즉 보고 듣고 만져서 얻는 정보를 수집하는 것과 관계된다. 이렇게 수집된 정보는 뇌의 앞부분 즉 전두엽에서 처리한다. 슈팅게임에서 달려드는 괴물을 빠르게 없애려면 생각할 틈 없이 손가락을 움직여야한다. 전두엽을 거치지 않고 근육을 자극하게 된다는 뜻이다. 이것이 반복되면 전두엽이 발달할 수 없어 사고력이 떨어진다. 어릴 때 이런 종류의 게임을 지나치게 많이 하면 바보가 될 수 있다. 오스트랄로피테쿠스와 사촌이 된다는 뜻이다.

허만의 두뇌 우성 모델

우리의 뇌에 대해서 알아본 내용은 다음 두 가지로 요약된다.

하나, 우리 뇌는 딱딱함을 담당하는 좌뇌, 부드러움을 담당하는 우뇌로 구성된다. 둘, 우리 뇌는 감정을 담당하는 안쪽 변연계와 이성을 담당하는 바깥쪽 대뇌피질로 구성된다.

이 두 가지를 고려하면 우리 뇌를 크게 4부분으로 나눌 수 있다. 이것이 허만의 두뇌 우성 모델이다.

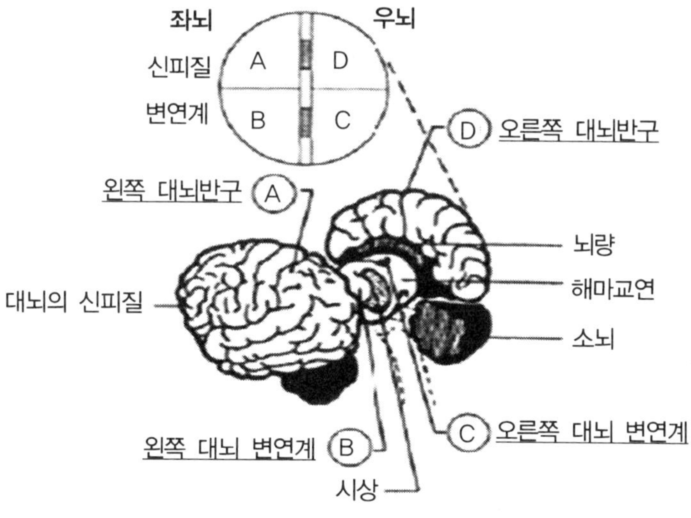

허만은 신피질 좌뇌 부분부터 반시계방향으로 A, B, C, D 영역으로 명명하고 각 개인은 4영역 중 특정부분이 더 혹은 덜 발달할 수 있다는 이론을 내놓았다. 다음은 각 영역의 역할

을 도식으로 나타낸 것이다.

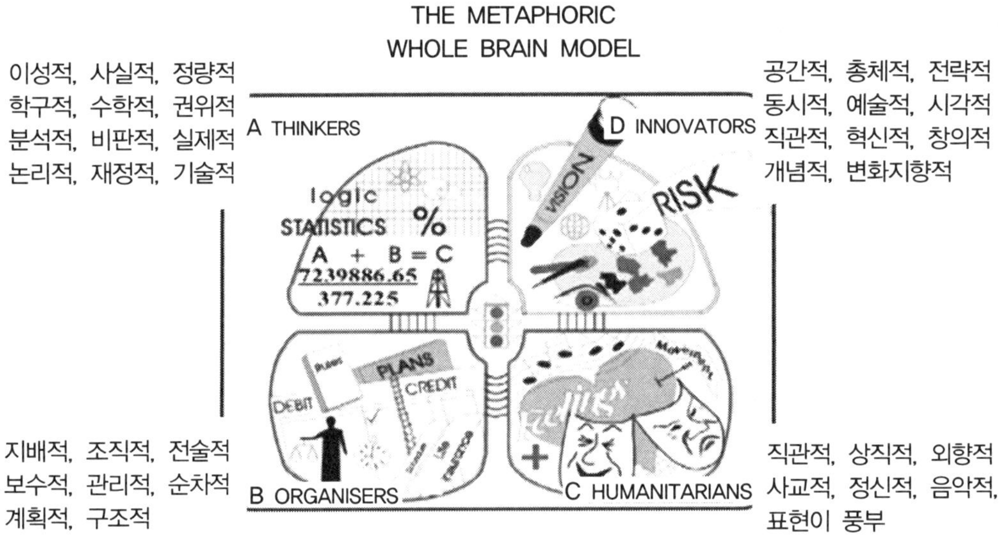

그림 출처, 2004 Hermann International

한 가지 재미있는 사실은, B, C유형의 특징은 인간을 제외한 동물에게도 적용된다는 점이다. 다람쥐가 도토리를 땅에 묻거나 삐진 개가 침대에 오줌을 누는 건 그들도 변연계가 발달했기 때문이다. 그러나 수학 문제를 푸는 다람쥐나 그림 그리는 개는 아직 보지 못했다.

허만 모델의 유형별 특징

한 사람이 어느 유형으로 분류되느냐는 개인은 물론이고 개인의 모임인 사회에서 나름의 의미를 갖는다. 개인 측면에서 내가 어떻게 머리를 사용하는지 아는 것은 자신에게 중요하며, 우리 팀이나 조직이 왜 이 모양인지 이해하고 개선하는데 도움이 될 수 있다. 먼저 각 유형의 특징을 다양한 측면에서 알아보자.

사고자로 대표되는 A형은 주로 수학 및 논리와 깊이 관계된다. 실제적, 해석적, 정량적, 기술적, 논리적, 이성적, 비판적 경향이 두드러지며 자료분석, 위험평가, 통계, 계산, 기술적

하드웨어, 분석적 문제해결, 논리와 추론에 기반을 두고 의사결정을 내린다. 그들은 현실적, 권위적, 성취 지향적, 성과를 중시하는 태도를 보이며 학생이라면 대수학, 미적분학, 회계, 과학, 공학, 기술 등의 과목에 강하고 법률가, 엔지니어, 컴퓨터 과학자, 분석가, 기술자, 은행가, 외과의사 등의 직업을 선호하며, 본질과 사실에 기반을 둔 비판적 분석을 즐긴다. A형이면서 C영역이 약하면 차가운 사람으로 인식될 수 있다.

B형은 조직하고 계획을 수립하는 오거나이저 유형이다. 순차적, 계획적, 보수적, 구조적이며 훈련되고 규제되어있으며 자세하고 일관된 사고를 선호하며, 관리, 전술적 계획, 절차, 조직적인 형태, 안전의 보장, 결과의 구현, 현 상황 유지, 절대 확실한 것 등을 선호한다. 전통적이고 관료적이며 신뢰를 중시하는 성취 지향적, 작업 주도적 태도를 지니며 구조적이고 순차적으로 구성된 과목을 좋아하고 계획입안자, 관료, 관리자, 경리담당자 등의 직업이 어울린다. 규칙과 질서를 강조하고 늘 해오던 방식을 중요시 여겨 보수적이며 까다로운 사람으로 보일 수 있다.

사람냄새 물씬한 C형은 직관, 사교, 음악이라는 단어와 관련된다. 감각적, 감성적, 감정적, 상징적, 사람 지향적이고 느낌 인지, 신체적 감각, 정신적인 가치, 음악, 팀워크, 대인관계, 의사소통 등을 소중하게 여긴다. 인간적, 협동적, 정신적, 느낌 지향적, 가치 주도적 태도를 보이며 사회과학, 음악, 춤, 스포츠 과목 등 사람과 어울리는 과목을 좋아하고 간호사, 사회사업가, 교육자, 조련사, 상담가 등의 직업군을 형성한다. 가족과 팀을 중시하는 가슴이 뜨거운 사람으로 보여진다.

상상, 시각, 도전, 미술, 창조와 관련된 D형은 혁신가 유형이다. 시각적, 총체적, 혁신적, 은유적, 창의적, 통합적, 개념적, 공간적이고, 상상력이 풍부하고 유연하다. 직관적이고 도전적이어서 미래의 가능성을 중시하고 종합하기, 놀기, 꿈, 예견, 전략적 계획, 넓은 시야, 사업가기질, 변화와 혁신을 특징으로 한다. 탐험적, 사업적, 발명적, 미래지향적이며 명랑하고 위험을 주도하며 독립적이어서 그림, 조각 같은 예술과목, 기하학, 설계, 시, 건축과목을 선호하며 사업가, 탐험가, 예술가, 극작가와 의학, 물리학, 공학의 연구와 개발에 관계된 과학자가 많다. 구름 잡는 이야기를 하며 훈련되지 않아서 비현실적인 엉뚱한 사람으로 보일 수 있다.

허만의 우성 모델에 따르면 각 유형별로 일하는 방식, 소통하는 방식, 관리하는 방식, 그리고 문제를 해결하는 방식에서 차이를 나타낸다. 네드 허만 그룹에서 보고한 유형별 차이를 표로 재구성하면 다음과 같다.

<table>
<tr><td rowspan="2">일</td><td>과제 지향
분석과 진단
논리적 절차
재정과 수치
일의 진행
문제 해결
이슈를 분명히 하기
설명</td><td>미래 지향
큰 그림 그리기(숲 보기)
해법 창안
새로운 물건/생각 개발
비전 제시
위험 수용
아이디어 통합
변화 시도</td></tr>
<tr><td>관리
세부사항에 주목
통제 지향
체계 구성
순서 결정
시간에 맞추기
계획 수립
지원 제공</td><td>코칭
협업
소통
관계 형성
생각 표출
교육/학습
설득
팀의 일원되기</td></tr>
<tr><td rowspan="2">소통</td><td>팩트
기술적으로 정확한 수치
연관된 생각
요약, 명확, 정확
결정적인 분석
직접적</td><td>은유
큰 그림, 전체
상상
개념적 프레임
넓게 탐색
시각적</td></tr>
<tr><td>세부
완전함
규칙과 절차
행동 계획
설명
주제에 머물기</td><td>감정과 가치
열린 토론
표현
개인적 접촉/교류
공감과 배려
이야기와 사례</td></tr>
<tr><td rowspan="2">관리</td><td>권위
지시
일 중심
분석적
사실에 기반</td><td>모험
비전
기업가적
이상적
전체적</td></tr>
<tr><td>전통적
보수적
조직적
책임
안전 우선</td><td>팀 지향
지원과 지지
개인적
직관적
소통형</td></tr>
<tr><td rowspan="2">문제 해결</td><td>목표 정의
논리적 문제 풀이
핵심 분석/이론
효율, 비용, 데이터
정량적 결과 도출</td><td>미래에 대해 전략적/시각적 접근
위험 감수와 실험
개념의 결합과 연계
새로운 생각과 해법을 브레인스토밍
큰 그림 관점</td></tr>
<tr><td>세부사항과 절차에 주목
핵심 관점으로 이동
작업의 할당, 조직, 계획
일정을 수립하고 따름
순서와 절차에 따라 작업</td><td>중재와 촉진
공유, 경청, 표출
협업과 관계 형성
내면을 감각적으로 이해
타인의 감정에 민감</td></tr>
</table>

허먼 모델의 의의와 다중 우성

우리 뇌가 이렇게 네 영역으로 구분된 이유가 무엇일까? 물론 변연계와 대뇌피질은 진화 과정의 산물일 수 있다. 그러나 좌뇌와 우뇌로 분리된 이유는 무엇일까? 생물학적으로 우리 몸이 대칭이고 손과 발이 두개인 것과 밀접하게 관계할 것으로 추측할 수 있다. 그러나 그 원인을 따지는 것이 이 책의 목적은 아니다.

생물학적 이유와 관계없이 뇌가 기능적으로 구분되어 있다는 것은 선택 및 집중과 관계가 있다. 무슨 뜻이냐 하면 상황에 따라 뇌의 특정 영역을 집중적으로 가동시켜 효율적으로 에너지를 사용할 수 있다는 뜻이다. 계획을 세워야하는 일에 뇌 전체가 풀가동해야 하는 경우보다는 B영역에 에너지를 모아주는 것이 나을 것이다. 그래서 뇌가 나뉘어졌다고 보는 것이 타당할 것이다.

그렇다면 허먼의 두뇌 우성 모델이 갖는 의미는 무엇인가? 나는 A 영역이 발달했으니 평생 수학이나 하면서 살아야 한다는 뜻인가? 그렇지 않다. 뇌를 고르게 발달시켜야 한다는 것을 알아야 한다. 논리(A), 계획(B), 직관(C), 상상(D)은 모두 필요한 것이다. 수레바퀴 크기가 다르면 앞으로 가기가 어렵다. 우리 뇌도 균형 있게 발달하지 않으면 바르게 사고할 수 없다. 그것이 핵심이다. 물론 다른 것을 포기하고 한 가지만 발달한 천재들이 없지는 않지만 역사적으로 많은 천재들이 뇌를 고르게 사용한 것으로 알려져 있다.

뇌의 한 영역이 나머지 세 영역에 비해 크게 발달한 사람이 그리 많지 않다. 연구 결과에 따르면 한 영역에서 우성을 가지는 사람은 약 7%에 불과하고, 두 영역에서 우성을 가지는 사람이 약 60%, 세 영역에서 우성을 가지는 사람이 약 30%이며, 뇌의 모든 영역에서 우성을 가지는 사람도 약 3% 정도인 것으로 보고되었다(물론 이 자료는 다소 오래전에 발표된 것이며 요즘 사람들은 영리해져서 수치에 많은 차이가 있을 수 있겠으나 다중 우성이 더 우세하다는 경향은 바뀌지 않았을 것 같다).

두 영역에서 우성을 보인 유명인은 다음과 같다.

- A+B : 철학자 아리스토텔레스, 포드 자동차 창업자 헨리 포드, 마가릿 대처 영국 수상
- B+C : 테레사 수녀
- C+D : 극작가 셰익스피어, 음악가 모짜르트
- D+A : 과학자 갈릴레오, 물리학자 퀴리 부인, 극작가 버나드 쇼
- B+D : 정치인 사담 후세인

세 영역 이상에서 우성을 보여 균형적 즉 총뇌적 사고를 하는 유명인으로 정치가이자 과학자이며 자서전으로 유명한 벤자민 프랭클린, 음악의 아버지로 불리는 세바스찬 바하, 군인 출신 정치가이자 노벨 문학상 수상자이기도 윈스턴 처칠 영국 수상, 토마스 제퍼슨 미국 대통령, 위대한 의학자인 알버트 슈바이처 박사 등이 있다. 젊은 사람들에겐 낯선 이름들일 게다. 그렇지만 우리 주위에서 다재다능한 사람들을 흔히 볼 수 있고 그들이야말로 뇌의 전 영역을 고르게 사용하는 또는 뇌의 전 영역이 고르게 발달했음을 쉽게 알 수 있다.

마지막으로 시대에 따라 사회가 요구하는 인재상과 우성 유형이 어떻게 관계되는지 알아보자. 다음은 1998년 역시 네드 허먼 그룹이 보고한 것으로 시대별로 어떤 유형이 주류였는지 잘 보여준다. 60년대 계획적이고 조직적인 유형에서 고도의 논리적이고 계산적인 70년대를 거쳐 90년대에 이르러 창의적이며 사회적인 관계가 매우 중요해졌음을 알 수 있다. 세계가 하나로 엮여 훨씬 복잡하고 다양해진 지금은 어떨까? 인공지능이 주도하는 시대에는 어떤 유형이 살아남을 수 있을까? 코로나 같은 세계적인 유행병으로 사람 사이의 물리적 접촉이 제한되는 뉴 노말 시대는? 인공지능이 완전하게 정착한 시대의 인간의 뇌는 어떻게 달라질까? 이 모든 질문에 대해 여러분 스스로 답을 내야한다.

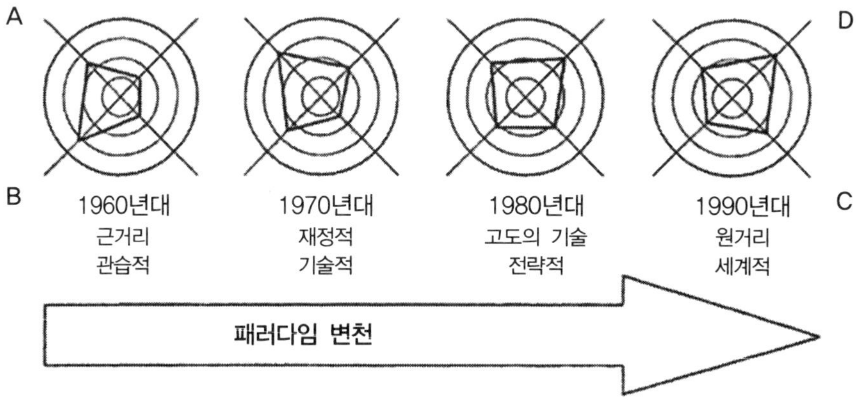

두뇌 개조

망치를 잘 다루는 A와 톱을 잘 다루는 B가 있다고 하자. A는 두드리려만 할 테고 B는 썰려고만 할 테다. 수박은 썰어야하고 호두는 깨야한다. 모든 일에는 적절한 도구를 사용해야 효과가 있듯이 뇌의 역할이 네 곳으로 나뉘어 있다면 각각의 영역을 역할에 맞게 사용하는 게 당연하고 그러려면 네 영역을 고르게 발달시킬 필요가 있다. 그렇다면 어떻게 그럴 수 있을까? 방법이 있다. 예를 들어 유형 C인 사람이 있다고 하자. 그는 왜 그 영역이 발달했을까? 엄마나 아빠가 그래서? 물론이다 그럴 수 있다. 첫째 자식은 부모를 닮는다. 콧구멍은 엄마를 콧날은 아빠를 닮는 식으로 말이다. 뇌라고 다르겠는가? 그러나 이러한 견해는 논란의 여지가 많다. 그냥 접자. 둘째, 역시 자식은 부모를 닮는다. 자식은 부모의 행동으로 보고 자란다. 엄마가 음악을 들으면 애도 따라 듣게 마련이고 아빠가 공을 차러갈 때 애도 데리고 간다. 즉, 훈련된 것이다. 물론 이렇게 순전히 부모에 의해서만 뇌의 특정 영역이 발달하는 건 아니다. 1학년 담임 선생님 같은 우연한 만남, 목숨이 위태로웠던 사건, 태어나 자란 곳의 지리적 정서적 환경 등에 따라 무엇인가를 더 자주 하게 되면 익숙해지고 익숙해지면 더 자주한다. 그러면서 뇌의 특정 영역이 발달하게 된다. 어떤 일을 하느냐에 따라 손가락의 모양이 달라지듯이 어떤 환경에 노출되느냐에 따라 뇌가 변한다.

그렇다면 어떻게 발달시킬 수 있겠는가?

예를 들어, 좌측 위 부분 즉, 좌측 대뇌 피질이 발달한 사람은 논리, 계산, 분석을 좋아한다. 반대로 논리, 계산, 분석을 좋아하면 논리적 뇌가 발달한다. 여기서 "좋아하면"이 문제인데, 사실 (잘 못해서) 싫은 걸 억지로 좋아할 수는 없다. 그런데 우리 뇌는 생각보다 바보 같다. 얼마나 바보 같으냐면 억지로 웃는 표정을 지으면 기분이 좋아진다. 그래서 무엇인가를 자주하면 좋아하는 줄 안다. 즉, 자주하면 그 영역이 발달한다.

1) 논리적 뇌(A 영역)를 발달시키는 활동

- 데이터와 정보를 검색한다
- 정보를 전체 틀 안에서 논리적으로 정리한다
- 강의를 듣는다
- 교재를 읽는다
- 예제를 풀어본다
- 아이디어를 제시한다
- 가설을 세우고 검증한다
- 사실과 기준, 논리로 판단한다
- 사례를 분석한다
- 비용을 따져본다
- 컴퓨터를 활용한다

2) 계획적 뇌(B 영역)를 발달시키는 활동

- 지침에 따라 단계적으로 처리한다
- 문제점을 찾기 위해 이론이나 절차를 검토한다
- 단계에 따라 실험한다
- 상세한 강의를 듣는다
- 꼼꼼하게 필기한다
- 정돈된 환경에서 공부한다
- 구체적인 예산을 세운다
- 반복해서 기술을 익힌다
- 해결책에 대한 설명서를 쓴다
- 컴퓨터를 활용한다
- 배운 지식의 응용에 대해 생각한다
- 일정표를 작성한 후 계획에 따라 학습한다
- 프로젝트의 각 단계를 자세하게 작성하여 기획하고 수행한다
- 개인 소유목록을 만들어 관리한다

3) 직관적 뇌(C 영역)를 발달시키는 활동

- 다른 사람들의 아이디어를 듣고 배운다
- 일기를 쓴다
- 음악을 틀어놓고 공부한다
- 다른 사람의 권리와 의견을 존중한다
- 인간이 중요한 존재임을 인식한다.
- 몸짓을 통해 시각적인 암시를 준다.
- 도구를 사용하거나 접촉을 통해 배우기를 좋아한다.
- 모험영화보다는 드라마를 선호한다.
- 오감으로 배운다.
- 질문과 사색을 통해 자신에게 동기를 부여한다.
- 여행을 하면서 사람을 만나고 그들의 문화를 배운다.

4) 상상적 뇌(D 영역)를 발달시키는 활동

- 세부보다 전체 내용에 주목한다.

- 학습을 위해 활발하게 활동한다.
- 답이 없는 문제를 골라 가능한 해결책을 모색한다.
- 경향이나 흐름에 대해 생각한다.
- 세밀한 부분에 신경 쓰지 않고 대상의 탁월함에 감동한다.
- 새로운 것을 만들기 위해 정보를 종합한다.
- 직감에 의지한다.
- 미래를 예견한다.
- 다른 방법을 찾아본다.
- 말보다 그림을 좋아한다.

모든 사람을 잘 가르칠 수 있는 교육 방법을 적용하기 어려운 이유에 대해 생각해보자. 흔히 마인드 맵 같은 시각적인 도구가 개념을 잘 요약하는 방법으로 널리 알려져 있다. 마인드 맵은 이 책에서도 다루는 도구로 이미지를 활용해서 작성하는 게 원칙이다. 그런데 어떤 사람들은 아무리 이미지를 강조해도 도무지 그림을 그리지 않는 경우가 있다. 한 동안은 그 이유가 궁금했는데, 허만의 모델로 설명이 가능 할 것 같기도 하다. 즉 그들은 상대적으로 좌측 뇌가 발달해서 이미지에는 도통 관심이 없고 그냥 나열하는 게 더 편하기 때문인 듯하다.

다음은 뇌 우성 유형별로 더 적절한 학습 방법을 나타낸다. 자신의 유형을 안다면 당장은 더 적절한 학습 방법을 활용하는 게 좋겠고, 필요에 따라 자신의 두뇌를 개조하는데도 참고할 수 있겠다.

- 논리적 뇌(A 영역)에 효과적인 학습법 : 친절한 강의와 잘 정리된 교과서를 기초로 해서 배우는 소위 외부학습
- 계획적 뇌(B 영역)에 효과적인 학습법 : 방법적이고, 배운 것을 단계적으로 시험하고 기술을 향상시키거나 이해를 높이기 위한 연습과 반복에 의한 절차적인 학습
- 직관적 뇌(C 영역)에 효과적인 학습법 : 직접적인 피드백과 격려로 시도와 실패를 반복하며 얻은 감각적 경험과 토론이나 팀 활동 등의 상호작용에 의한 학습
- 상상적 뇌(D 영역)에 효과적인 학습법 : 통찰이나 시각화, 합성 등 전체적이고 직감적인 개념의 이해에 의한 내부학습

03.

발산적 사고

유의미하고 새로운 연결을 만들고 표현하는 우뇌의 사고 작용을 발산적 사고라 하고, 아이디어를 분석하고 다듬고 최종적으로 선택하는 좌뇌의 사고 작용을 수렴적 사고라 한다. 창의적 아이디어는 발산적 사고와 수렴적 사고가 적절하게 균형을 이루는 총뇌적 활동에서 나오는 것이다. 창의력은 총뇌(whole brain) 활동을 필요로 한다고 결론 내릴 수 있다.

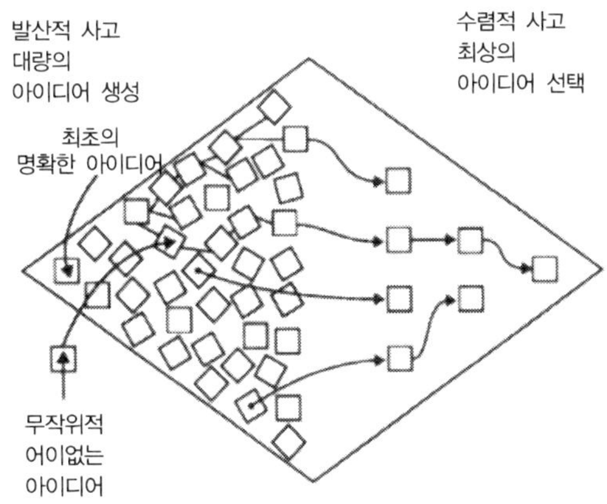

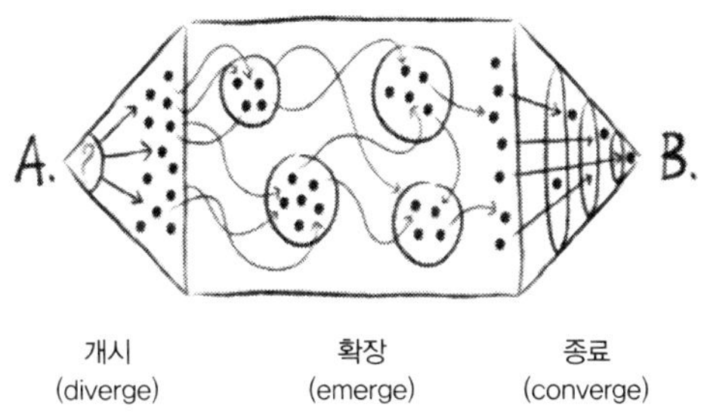

결론적으로 문제에 대한 아이디어를 구상하는 단계에서는 우뇌를 우선으로 활용(좌뇌를

잠시 끄고)해야 하고 최종적인 해결책을 만드는 단계에서는 좌뇌를 우선으로 활용(우뇌를 잠시 끄고)해야 한다.

발산적 사고란?

발산이란 퍼져나가는 것을 말한다. 하나의 핵반응이 연쇄적으로 일어나 거대한 폭발을 이루듯, 빅뱅에 의하여 우주가 탄생하듯 뇌에서 생각을 뿜어내는 것이 발산적 사고다. 이러한 사고는 기존의 틀에 매이지 않은 자유분방하고 거침없는 상상에서 가능하다. 그럴 때라야 무관해 보이는 것들에서 의미 있는 새로운 연결을 만들어낼 수 있다. 전형적인 동양의 전체주의(wholism)적 사고방식으로 우뇌가 활약하는 사고다. 여기서는 스캠퍼, 브레인스토밍, 그리고 마인드 맵을 다루는데, 공통적으로 논리를 배제하고 분방하게 사고하는 걸 돕도록 만들어진 방법들이다.

스캠퍼(SCAMPER)

이미 존재하는 물건이나 아이디어를 이용하여 새로운 물건이나 아이디어를 만들어 내기에 유용한 아이디어 촉진법이다. 단순하면서 매우 효과적인 기법으로 관심의 대상에 대하여 다음과 같은 질문을 통하여 아이디어를 생성한다.

- S(substitute? 대치시키면?)
- C(combine? 결합하면?)
- A(adapt? 응용하면?)
- M(modify-magnify-minify? 수정-확대-축소하면?)
- P(put to other use? 새로운 용도는?)
- E(eliminate? 제거하면?)
- R(rearrange-reverse? 재배열하면?)

다음 그림은 스푼을 대상으로 스캠퍼를 적용한 사례를 나타낸다.

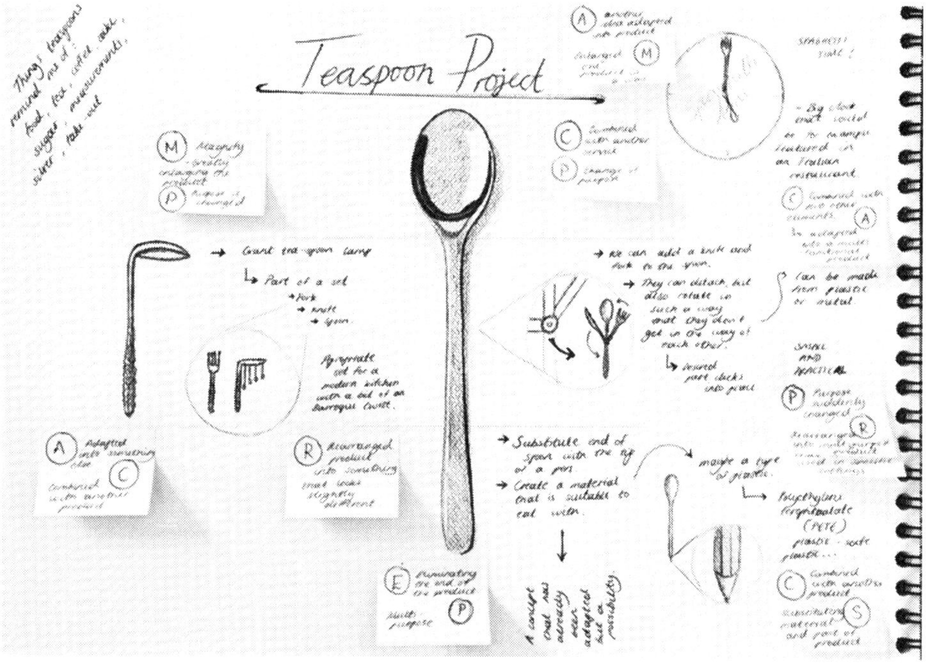

그림 출처, http://kahyeefid.blogspot.kr/2015/10/creative-thinking-skill-assignment-3.html

■ S(substitute? 대체하면?)

- 재료나 자원을 다른 것으로 대체하거나 교체할 수 있을까?
- 부품이나 과정을 바꿀 수 있을까?
- 적용 규칙을 다르게 대체할 수 있을까?
- 이것을 다른 곳이나 다른 무엇 대신 사용할 수 있을까?
- 이것에 대한 고정 관념을 바꾸면 어떤 일이 일어날까?

■ C(combine? 결합하면?)

- 이것을 다른 것과 결합해서 어떤 새로운 걸 만들 수 있을까?
- 이것의 의도나 목적을 결합하면 어떨까?
- 이것을 극대화하려면 무엇을 결합할 수 있을까?
- 이것을 새롭게 하거나 이것으로부터 새로운 무엇을 만들기 위해 어떤 기능이나 자원을 결합할 수 있을까?

■ A(adapt? 응용하면?)

- 다른 용도나 목적으로 사용하기 위해 이것을 어떻게 응용하거나 조절할 수 있을까?
- 이것은 다른 무엇과 비슷한가?
- 이것을 응용하기 위해 어떤 주체나 대상을 흉내 낼 수 있을까? 즉, 내가 ~이라면 또는 이게 ~이라면 이것을 어떻게 사용할까?
- 이것과 비슷한 다른 것은?
- 이것에 어떤 다른 의미나 맥락을 부여할 수 있을까?

■ M(modify-magnify-minify? 수정-확대-축소하면?)

- 이것의 모양, 외형, 느낌을 어떻게 바꿀 수 있을까?
- 이것에 무엇을 추가해서 다르게 할 수 있을까?
- 더 좋게 하려면 무엇을 두드러지게 하거나 강조해야 할까?
- 새롭게 하려면 이것의 어떤 요소를 크게-작게-강화-약화해야 할까?

■ P(put to other use? 새로운 용도는?)

- 이것을 다른 분야에서 사용할 수 있을까?
- 이것을 다른 누가 사용할 수 있을까?
- 조정을 통해서 이것이 다르게 작동하게 할 수 있을까?
- 이것을 폐기하는 대신 재활용해서 새로운 무엇을 만들 수 있을까?

■ E(eliminate? 제거하면?)

- 이것을 간소화하거나 단순하게 할 수 있을까?
- 이것의 특성, 부품, 절차, 규칙을 제거할 수 있을까?
- 이것을 축소하거나 부드럽게 할 수 있을까?
- 이것을 작게, 빠르게, 가볍게, 더 재미있게 할 수 있을까?
- 이것의 일부를 제거하거나 다른 것을 끼워 넣으면 어떻게 될까?

■ R(rearrange-reverse? 재배열하면?)

- 절차나 순서를 뒤바꾸거나 다르게 하면 어떤 일이 일어날까?
- 지금과 정 반대로 해보면 어떨까?
- 순서를 바꾸려면 어떤 요소를 대체해야 할까?
- 뒤집거나 교환해야할 역할이 무엇일까?
- 이것을 재조직해서 다시 구성할 수 있을까?

이상의 내용은 다음과 같이 요약할 수 있다.

	의미	설명	예
S	Substitute (대체)	다른 재료, 요소, 원동력, 프로세스 등	연탄재벽돌, 종이컵, 나무젓가락 LPG 자동차, 전기난로, 사카린
C	Combine (결합)	혼합, 조립, 그리고 작동, 단위, 방법, 아이디어 등의 결합	지우개 달린 연필, 필터 달린 담배, 시계겸용 라디오, 보온겸용 밥솥
A	Adapt (적용)	다른 용도, 과거의 적용, 다른 아이디어의 도용.	산 우엉 가시 ⇒ 매직테이프(Velcro) 장미덩굴 ⇒ 철조망
M	Modify, Magnify (변형 및 확대)	뜻, 색깔, 동작, 모양 등을 변형, 더할 수 있는 요소는?, 더 크게, 높게, 강하게, 두껍게, 과장되게 등	공기주입, 더 큰 비누 ⇒ 아이보리비누(물에 뜨는 비누), 실패한 접착제 ⇒ Post-it
P	Put to other Use (다른 용도)	원래의 용도를 바꾸기 등	톱밥 ⇒ 장작, 쓰레기 ⇒ 블록, 건설재료 폐타이어 ⇒ 발전소의 원료, 보도블록
E	Eliminate, Minify (최소화)	취소, 분리, 가볍게, 짧게, 여러 개로 나누기 등	트랜지스터, 노트북
R	Reverse, Rearrange (역방향)	방향을 바꾸기, 거꾸로, 용도의 교환 등	벙어리 장갑 ⇒ 다섯 발가락 양말

브레인스토밍

글자 그대로 뇌에 폭풍을 일으켜 생각을 뿜어내도록 하는 것으로 전 세계 많은 조직에서 사용한다. 일에 진전이 없을 때, 어떤 개선활동을 해야 할지를 결정할 때, 프로젝트의 각 단계에 대한 계획을 세울 때, 팀의 창조성을 촉진시키려 할 때, 공정이나 제품 또는 서비스에 대한 개선방안을 찾으려 할 때, 짧고 가볍게 시행하여 좋은 효과를 얻을 수 있다. 보통 조직이나 그룹 단위로 수행하지만 혼자 해도 큰 효과를 얻을 수 있다.

다음은 브레인스토밍의 효과를 잘 나타내는 실제 사례다.

한 작은 도시에서 눈이 많이 오는 날에는 송전선 위에 눈이 쌓여 송전선이 끊어지는 문제가 발생했다.

"전선에 쌓인 눈을 제거하는데 가장 좋은 방법은 전선을 흔드는 것이죠."
"그럼 전봇대를 흔들어 전선이 흔들리도록 하면 되겠네요."
"그 거대한 전봇대를 움직이려면 힘이 센 곰을 이용하면 좋을 듯합니다."
"그럼, 곰이 전봇대로 올라가서 전선을 흔들도록 하면 어떨까요?"
"그렇다면 곰이 전봇대로 올라가도록 전봇대 꼭대기에 꿀단지를 올려놓도록 하죠. 달콤한 꿀을 먹으러 곰이 전봇대로 올라갈 겁니다."
"꿀단지를 전봇대 위에 올려놓으려면 헬리콥터를 이용하면 좋겠어요."
"헬리콥터는 어디서 구할 수 있죠?"
"국립경비대에서 가지고 있습니다."

이야기가 다소 무리하게 진행된 것 같지만 뜻밖에 아주 훌륭한 결과를 얻는다. 즉 헬리콥터가 송전선 위를 나는 것만으로 문제를 해결한다. 위 사례에는 브레인스토밍의 4S라는 4가지 핵심이 모두 포함되어있다.

브레인스토밍 4S

Speed : 아이디어가 거침없이 제시된다
Support : 제시된 아이디어를 비난하거나 평가하지 않는다
Silly : 아무리 우스꽝스러운 아이디어라도 수용해야 한다
Synergy : 이미 제안된 아이디어로부터 다른 아이디어를 이끌어 낼 수 있도록 한다

아이디어가 짧은 시간에 거침없이 던져진다(speed). 처음 곰이 언급되었을 때 이 아이디어를 비난했다면 생각이 이어지지 않았을 것이다(support). 꿀단지 이야기는 우스꽝스럽지만 중간에 제지되었다면 해결책을 찾기 어려웠을 것이다(silly). 황당하게도 꿀단지에서 헬리콥터가 나온다. 다른 사람의 생각에 의한 상승작용의 결과다(synergy). 브레인스토밍의 4S는 모두 중요하다. 4가지가 동시에 작용할 때 빛나는 아이디어를 생성해 낼 수 있다. 호의적인 환경에서 선입견이 작용할 틈 없이 빠르게 아이디어들이 던져질 때 서로의 생각들이 상호작용하여 뜻밖의 아이디어를 생성하게 되는 것이다.

"옥탑방의 문제아들"이라는 TV 프로그램이 있다. 해당 방송의 표현에 의하면 '상식이라곤 1도 없을 것 같은 일명 상식 문제아들'에게 논리적인 추론으로 정답을 알아내기 어려운 문제가 출제되고, 출연자들은 황당한 말들을 그야말로 그냥 내 던진다. 그러는 가운데 누군가 정답을 주워내는 경우가 흔하다. 물론 예능 프로그램인지라 비난이 쏟아지기도 하지만 놀라운 시너지 효과를 생생하게 즐길 수 있다. 유사하게 다수의 수다를 통해서 문제를 해결하는 프로그램들이 아주 많다. 어떤 면에서 브레인스토밍이 사회의 다양한 측면에서 효과를 나타낸다고 할 수 있다.

브레인스토밍 절차는 다음과 같다.

- 그룹을 만든다. 이상적인 구성원 수는 4명에서 6명이다
- 시간을 정한다. 이상적인 시간은 15분 정도다
- 진행자를 정한다. 리더는 참석자들이 되도록 많은 의견을 낼 수 있는 분위기를 조성해야 한다
- 아이디어를 기록할 사람을 정한다. 아이디어를 기록하는 것도 상당히 중요하다
- 시간을 엄수한다. 어떤 일이 있더라도 정해진 시간에 정확하게 시작해서 정해진 시간에 정확하게 끝내야한다

브레인스토밍에 참여하는 참여자는 통상적으로 15~20초 간격으로 아이디어를 제시하도록 운영한다. 4S 규칙을 어긴 경우와 자기 차례에 아이디어를 제시하지 않은 경우 벌칙 등 그라운드 규칙을 미리 정하기도 한다. 상황에 따라 진행자가 기록을 할 수도 있다. 진행자는 해결하려고 하는 문제와 브레인스토밍 4S 규칙을 숙지하고 규칙이 잘 지켜지고 있는지 감독한다. 진행자는 아이디어 창출에 참여하지 않고 참여자가 문제에 집중하도록 독려하며 아이디어가 지엽적으로 흐를 때 방향을 전환하도록 유도하여 여러 방면의 아이디어를 내도록 한다.

다음은 실제 브레인스토밍 사례를 나타낸다. 먼저 규칙과 아이디어 제시 순서를 정한 후, 4S를 다시 한 번 강조하고 아이디어를 쏟아 냈음을 알 수 있다.

9.26(화) 이OO, 이OO, 주OO, 김OO, 고OO

- 기록자 : 고OO
- 사회자 : 주OO
- 발표자 : 김OO

- 규칙 : 15초 당 아이디어 1개, 어길 시 벌칙
- 순서 : 이OO - 주OO - 김OO - 이OO - 고OO
- 4가지 규칙
  ① 가능한 많은 아이디어를 만들어라
  ② 엉뚱한 아이디어 환영
  ③ 편승 (히치하이킹) 장려
  ④ 비판은 하지 않는다

★ 개수 : 52, ★ 1인당 개수 : 10.4개

☆ 주제 : 학업 성취도를 높이는 방법

1. 게임을 하지 않는다 △
2. 친구들이랑 같이 공부를 한다 △
3. 요가를 한다 X
4. 예습을 한다 △
5. 인강을 본다 △
6. 복습을 한다
7. 게임을 한다 X
8. 규칙적인 생활을 한다 △
9. 시간 계획표를 만든다 △
10. 아침밥을 먹는다 O
11. 일찍 일어난다
12. 충분한 휴식을 취하고 공부를 한다 O
13. 좋은 필기도구를 사용한다 X
14. 수업을 잘 듣는다 O
15. 학원을 다닌다 X
16. 스마트폰 사용을 절제한다 O
17. 자기주도 학습을 한다 O
18. 수업시간에 필기를 열심히 한다 X
19. 재미있게 공부한다 △
20. 핸드폰을 없앤다 X
21. 시각적 자료를 활용한다 △
22. 수업은 듣기만 하고, 필기를 친구에게 맡기고, 나중에 베낀다 X
23. 바른 자세로 공부를 한다 O
24. 집중을 한다 O
25. 도서관에 간다 X
26. 오랫동안 공부를 할 수 있는 체력을 키운다 O
27. 혼자서 한다 X
28. 운동을 한다 X
29. 질문을 한다 X
30. 과외를 한다 X
31. 문학책을 읽는다 X
32. 예민사항을 보고 다음 사항을 잘 본다 X
33. 목표를 잡는다 X
34. 오답노트를 사용한다 X
35. 천재가 된다 X
36. 목표를 세우고 그에 맞는 보상을 스스로에게 준다 O
37. 공부를 한다 X
38. 목표를 못 이루었을 시 스스로 벌을 내린다
39. 똑똑한 친구를 사귄다 X
40. 책을 산다 X
41. 수업 끝난 뒤 10분간 복습한다 X
42. 독서를 한다 O
43. 다시 태어난다
44. 부자가 된다 X
45. 매일 나 자신에게 할 수 있다고 자신감을 북돋아 넣는다 O
46. 명언을 읽고 공부할 수 있는 의지를 얻는다 O
47. 샤워를 한다 O
48. 좋은 선생님을 찾는다 X
49. 공부 카페에 가입한다 O
50. 좋은 공기를 마신다 O
51. 신체의 기억법을 이용한다 O
52. 충분한 휴식을 취한다 X

브레인스토밍의 장점과 단점은 다음과 같이 요약할 수 있다.

장점

- 다양한 주제에 대해서 집단의 작은 의사결정부터 큰 의사결정까지 간단하게 구성원들과 아이디어를 공유할 수 있다
- 다른 사람의 의견을 참고하여 창의적으로 아이디어를 조합할 수 있는 시너지 효과를 통해 새롭고 유용한 아이디어가 창출될 수 있다
- 원칙적으로 비판과 비난을 자제하기 때문에 참여자들이 자유롭게 자신의 의견을 제시할 수 있어 다양하고 독특한 아이디어들을 도출할 수 있다
- 아이디어 발상 시간이 정해져 있으므로 효율적인 회의 시간 관리를 할 수 있다

단점

- 참여인원이 많을수록 자신의 생각을 표현하기 어려워 개인의 역량이 충분히 발휘되지 않을 수 있다
- 그룹 내부에 일치를 강요하는 압력이 있을 경우 자기 검열에 의해 자신의 의견을 스스로 왜곡하거나 대다수의 의견과 유사한 아이디어를 제시할 수 있다
- 아이디어들이 집단으로 합해지기 때문에 단순히 무임승차하게 될 수 있다

브레인스토밍에는 여러 가지 변형들이 존재한다. 예를 들어, 참여자들이 자신들의 생각을 익명으로 적어내는 명목집단기법, 둥글게 둘러 앉아 하나의 아이디어를 기록하고 난 다음, 다음 사람에게 종이를 돌리려 아이디어를 더해가는 그룹 전달기법, 주제를 정한 후 개인 단위의 브레인스토밍 후 모든 아이디어를 하나의 거대한 맵으로 합쳐내는 팀 아이디어 매핑, 서로 의견을 나눈 후 가자의 아이디어를 임의로 전달하여 개선하는 과정을 반복하는 통제 브레인스토밍, 혼자 하는 개인 브레인스토밍, 질문 리스트를 작성하는 과정을 통해 최고의 해답에 도달하는 질문 브레인스토밍 등이 있다.

브레인라이팅

브레인스토밍 기법의 다른 변형으로 여러 사람 앞에서 아이디어를 말하는 것보다는 각자가 기록하는 방식이다. 독일인 홀리겔의 635법(6명이 둘러앉아 3개 아이디어를 5분 내에 기

입하고 옆으로 돌리는 방법)을 개량한 기법으로 2명 이상이 종이에 자신의 생각을 쓰고 그 것을 다른 사람과 교환하여 검토 후 다시 아이디어를 기록하고 교환하는 과정을 반복한다.

브레인라이팅 절차는 다음과 같다.

- 4~5명이 마주보고 하는 것이 적당하다
- 참가자에게 세로로 3개의 같은 간격의 줄이 그어져 있는 브레인라이팅 활동용지를 배부한다
- 활동용지 상단에 해결할 문제를 기술하고 자기가 생각한 3가지 아이디어를 5분 이내에 기록한다
- 아이디어를 기록한 용지를 다른 사람과 바꾼다
- 다음 줄에 3개의 새로운 아이디어를 더 적어 놓는다. 그것은 전혀 새로운 아이디어일 수도 있고, 다른 사람의 아이디어로 부터 자극 받은 것일 수도 있다. 앞의 아이디어들을 조합하거나 추가시켜 새로운 아이디어를 생성한다
- 위 과정을 되풀이 한다

포스트잇을 활용하는 브레인라이팅 변형으로 브레인라이팅 게시법(BW post-it)이 있다. 포스트잇에 3개의 아이디어를 기록한 후 중앙에 모아 놓고 참여자 모두가 내용을 확인한다. 이 과정을 반복 한 후 전체 아이디어를 관련된 내용이나 유형별로 분류하며 아이디어를 생성한다.

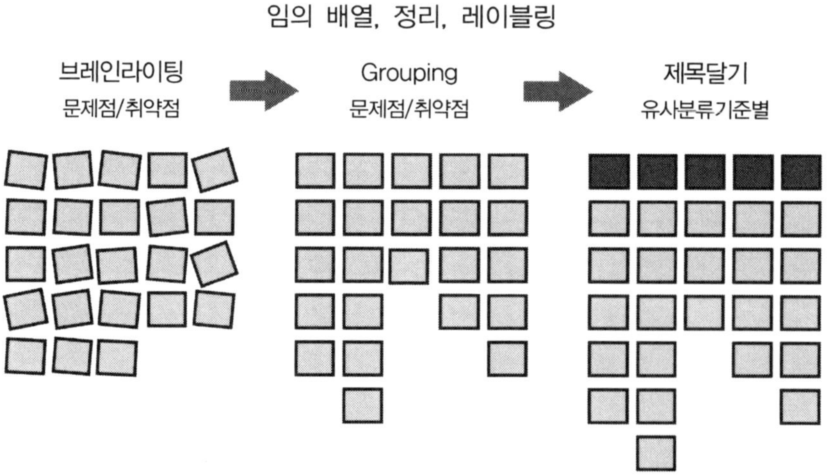

마인드맵

다음 그림은 무엇을 나타내는가?

왼쪽 그림! 커피 한잔 마시며 먹을 수 있는 맛있는 빵이나 쿠키가 아니다. 기원전 3,000년 무렵의 설형문자다. 오른쪽 그림은? 기원전 17,000년 무렵의 구석기 라스코 동굴벽화의 일부다. 사냥 중에 동료가 소에 받혀죽은 비극을 기록한 것이라고 한다. 이렇듯 인간은 문자를 사용하기 훨씬 이전부터 그림으로 생각을 표현해왔다. 즉, 우리 뇌는 그림으로 나타내고 그림으로 이해하도록 발달해 왔다는 뜻이다.

대상을 주로 시각적으로 그려내는 방법으로 마인드맵이 있다. 마인드맵은 읽고, 생각하고, 분석하고, 기억하는 모든 것에 대해 이미지, 핵심 단어, 색, 부호를 사용하여 마음속에 지도를 그리듯 생각을 펼쳐나갈 수 있는 방법이다. 대상을 체계적으로 조직화하고 연상 결합하는 방사적 사고에 의한 개념사고법이다.

다음과 같은 마인드맵이 주어진다면 어떻게 설명하겠는가? “Love라는 단어의 뜻이 여러 가지인데, 크게 필로스, 아가페, 에로스로 구분할 수 있고, 각각에 대해 ~라는 뜻이나 동의어 및 관련 단어가 있다”라는 것을 단번에 알아낼 수 있을 것이다. 그리고 그렇게 기억하면 쉽게 잊히지도 않는다. 마인드맵의 효과를 아주 잘 나타내는 사례다.

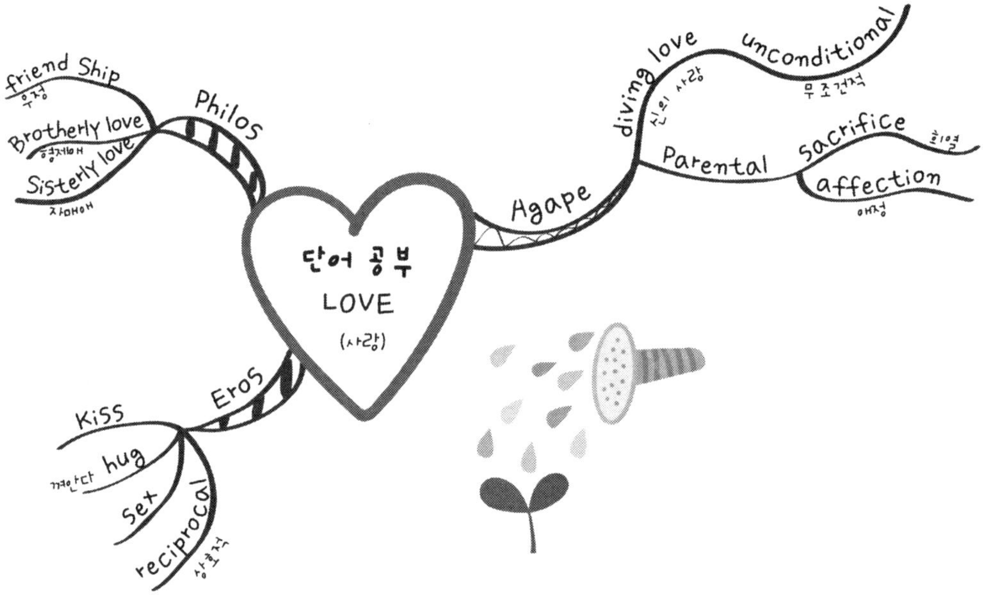

마인드맵의 작성은 이미지와 색의 사용이 전제되지만 두뇌 유형이 문자적인 사람은 단어 중심으로 작성하여도 무방하다. 다음은 문자 중심으로 작성된 마인드맵이다. 마인드맵이 이미지를 강조하다보니 이상하게 보일 수 있으나, 역시 체계가 있기 때문에 어떤 사람들에게는 매우 효과적일 수 있다.

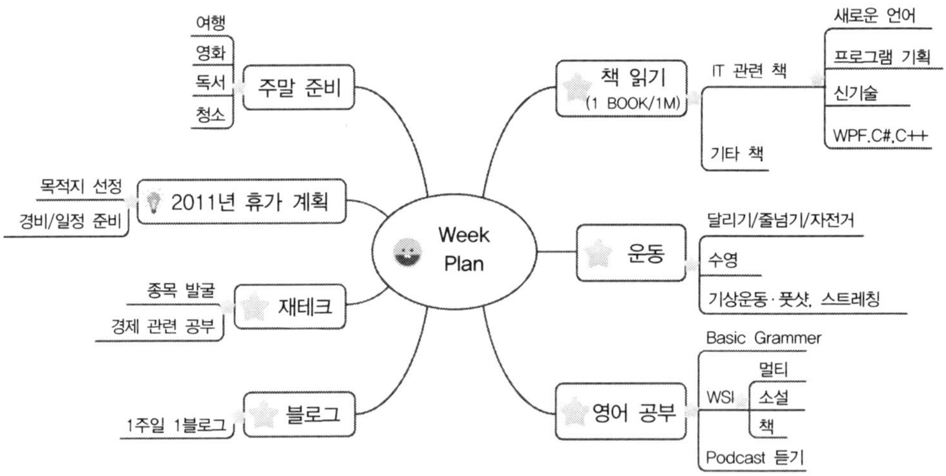

마인드맵 작성 절차는 다음과 같다. 키워드를 가지위에 기입한다는 점을 반드시 기억하자.

- 가로로 된 종이의 중심에서 시작한다
- 중심생각을 나타내기 위해 이미지나 사진을 이용한다
- 다양한 색깔을 사용한다
- 중심이미지에서 주가지로 연결한다. 주가지의 끝에서 부터 부가지로 연결한다. 그리고 부가지의 끝에서 세부가지를 연결한다
- 구부리고 흐름 있게 가지를 만든다
- 각 가지마다 하나의 키워드만 사용하고 키워드는 반드시 가지위에 기입한다
- 다양한 이미지를 사용한다

발산적 사고를 위한 마인드맵의 효과는 다음과 같다.

- 시각적으로 나타내므로 빠르게 기억할 수 있다
- 구조적으로 나타내므로 내포된 관계를 쉽게 파악할 수 있다
- 누락되거나 중복된 것 그리고 모순을 쉽게 찾을 수 있다
- 오래 기억할 수 있다
- 전체 구조가 한 눈에 들어오기 때문에 연관된 아이디어를 도출하기 용이하다
- 보고서 또는 발표 자료로 즉각적으로 활용할 수 있다

마인드맵을 위한 소프트웨어

마인드맵은 역사가 오래되어 다양한 분야에 사용되어 왔으며 마인드맵 작성을 위한 많은 소프트웨어 도구가 있다. 다음은 사용가능한 소프트웨어 도구들이다.

- 아이마인드맵(imindmap) : 오리지널 마인드맵 프로그램으로 뛰어난 활용도와 기술을 제공한다.
- 씽크와이즈(ThinkWise) : 1997년에 출시된 한국에서 가장 오래된 국산 마인드맵 소프트웨어. 영어, 독일어, 일본어 등 외국어 버전도 제공된다.
- 오케이마인드맵(OKMindmap) : 웹상에서 마인드맵을 그릴 수 있으며, 무료로 내려 받아 사용할 수 있다.
- 심플마인드(simpleMind) : 다양한 플랫폼을 지원한다. 기본 마인드맵 기능은 무료로 사용할 수 있다.

- 프리마인드(freeMind) : 무료로 사용할 수 있는 소프트웨어로 자바언어 기반으로 플랫폼에 무관하며, 오픈소스 프로젝트로 자유롭게 기능을 추가할 수 있다.
- 엑스마인드(xmind) : 다양한 기능과 깔끔한 인터페이스의 마인드맵 소프트웨어로 무료 버전 기능만으로도 충분히 사용할 수 있다.
- 알마인드(ALMind) : 무료 소프트웨어이지만 유료에서 제공하는 기능들을 거의 대부분 지원해 준다.

04. 수렴적사고

수렴이란 모으는 것이다. 블랙홀처럼 모든 것을 빨아들이는 것은 아니고 발산적 사고로 얻어진 아이디어를 분류 선택하고, 다듬어 의사결정을 내리는 것이다. 이러한 사고는 체계적이고 조직적이며 논리적이고 합리적일 때 가능하다. 그럴 때라야 구체적이고 실행 가능한 의사결정을 내릴 수 있다. 전형적인 서양의 환원주의(reductionism)적 사고방식으로 좌뇌가 활약하는 사고다.

PMI

여러 요인들이 혼합되어 상호작용하는 상황에서 합리적이고 논리적으로 사고를 전개시킬 수 있는 방법이 PMI(Plus-Minus-Interesting)다. 제안된 아이디어에 대하여 P(Plus 좋은 점), M(Minus 나쁜 점), I(Interesting 흥미로운 점)을 다각적으로 분석한다. 해당 아이디어의 긍정적 측면, 부정적 측면, 특이하거나 주의할 만한 또는 재미있는 측면 등을 고려하여, 득과 실을 분석한 후, 최선의 의사를 결정하는 기법이다.

구분	설명
P (Plus)	좋은 점, 긍정적인 점, 장점, 강점, 유익한 점, 이익이 되는 점 왜 그래야하는가?
M (Minus)	나쁜 점, 부정적인 점, 단점, 약점, 해로운 점, 손해가 되는 점 왜 그러지 말아야하는가?
I (Interesting)	좋고 나쁘고를 떠나서 독특/흥미/재미있다고 생각되는 점

PMI를 적용 할 때는 먼저 P에 집중해야한다. 즉 제안된 아이디어의 좋은 점을 집중적으로 생각한다. 그리고 M에 대하여 생각해보고 마지막으로 그 아이디어가 가지고 있는 I가 무엇인가에 집중한다. 2-3분 내에 이루어지는 경우 상당한 효과를 낸다. 사실 이러한 사고는 우리가 무의식적으로 흔히 하는 것이다. 감각적으로 어떤 영감이 떠오른 경우들을 회상해보면 순간적으로 PMI가 작동한 경우임을 알 수 있다. 다소 복잡한 문제에 대해서는 이러한 순간의 과정을 체계적으로 진행되도록 먼저 좋은 점을, 다음으로 나쁜 점을, 그리고 마지막으로 좋고 나쁘고를 떠나 흥미롭다고 생각되는 점을 나열함으로써 아이디어를 평가하고 최종 선택을 할 수 있다.

PMI 사례

아이디어	중/고등학생 등교시간을 1시간 뒤로한다.
P (Plus)	– 학생이 잠을 더 잘 수 있다. – 청소년 건강에 좋다.
M (Minus)	– 부모의 출근 시간과 맞지 않는다. – 러시아워에 기여한다.
I (Interesting)	– 아침 학원이 생길 것이다. – 한 시간 더 자면 건강해 질것이라고 생각하는 사람이 있다. – 정치와 교육

PPC

PPC(Positive-Possibilities-Concerns)는 받아들이기 어렵거나 효과가 의심스러운 아이디어를 다룰 때 유용하다. 먼저 긍정적인 면을 나열한 후, 그에 따르는 가능성을 면밀하게 분석한다. 동시에 그 아이디어를 어떻게 응용하거나 발전시킬 수 있는가를 따져본다. 마지막으로 고려사항이나 염려스러운 혹은 고려할 점을 따져보고 문제가 있다면 개선책이나 대안을 수립한다.

구분	설명
P (positive)	긍정적인 면, 제안된 아이디어의 장점 등을 기술
P (possibilities)	아이디어가 구체적으로 어떤 상황에 응용될 수 있을지, 아이디어로 인해 어떤 일이 일어날지를 기술
C (concerns)	고려해야할 점, 염려스러운 점, 새로운 문제가 발생한다면 그것에 대한 대안을 기술

PPC는 그럴듯해 보이기는 하지만 미심쩍은 아이디어를 검토하고 개선하는데 유용한 사고법이다. 해당 아이디어의 좋은 점, 매력적인 점을 객관적으로 기록한 후, 그것으로 인하여 발생할 수 있는 여러 상황을 면밀하게 분석한다. 마지막으로 그 아이디어를 채택하는 경우 발생할 이슈들을 나열하고 개선책이나 대안을 찾는다.

PPC 사례

주제	중/고등학생 등교시간을 1시간 뒤로한다.
P (positive)	– 학생과 선생님이 더 잘 수 있다.
P (possibilities)	– 출근시간이 더 혼잡해진다. – 부모의 아침이 바빠진다. – 아침학원이 생긴다.
C (concerns)	– 출근시간 혼잡에 대한 대책 – 아침학원 단속법 – 직장출근시간을 1시간 늦춘다.

하일라이팅

특정 영역을 집중하여 비추는 것이 하일라이팅이다. 마찬가지로 발산적 사고를 통하여 얻어낸 아이디어들을 분석하여 의미 있는 것에 집중하며 결론으로 수렴해가는 것이 하일라이팅이다.

먼저 발산적 사고로 얻어진 아이디어들 중 중복된 것들과 제약조건에 따라 무의미한 것들을 제거한다. 살아남은 아이디어를 히트(hit)라고 부른다. 이 선택된 아이디어들을 공통적인 측면이나 요소에 따라 묶는다. 이렇게 묶인 덩어리를 적중 영역(hot spots)이라 한다. 하이라이팅은 이러한 적중 영역을 문제해결에 적합한 형태로 수정하고 발전시켜서 더 나은 대안으로 만들어가는 기법이다. 최종 결론을 얻기 위해 PMI/PPC를 적용할 수 있다.

하일라이팅 절차는 다음과 같다.

- 아이디어들에 번호를 부여한다.
- 아이디어를 뚫어져라 들여다보고 (직관적으로) 좋아 보이는 것들을 고른다. 나머지는 버린다.
- 살아남은 아이디어들을 연관된 것끼리 덩어리로 묶어 적중영역을 만든다.
- 적중영역을 검토하여 대표 개념어를 생성하고, 해당역영을 하나의 문장으로 재 진술한다.
- 결론을 내린다.

실제 사례를 통해 하일라이팅을 어떻게 하는지 알아보자.

1) 브레인스토밍 결과와 히트

브레인스토밍 : 금연 장소에서 담배 피우는 문제
1. 구속 시키자 … 5. 담배 가격을 심하게 올리자 … 10. 흡연 장소를 확대하자 11. 그곳에 끔찍한 사진을 붙이자 12. 담배 포장에 썩은 폐 사진을 부착하자 … 28. 금연자에게 상금을 주자 … 35. 감지기를 설치하여 흡연 시 경고음 … 39. 신고자 포상 40. 흡연자 벌금 … 46. 금연 구역에 지킴이 배치 47. 금연 홍보 강화 48. 의무적 금연 교육 … 52. 담배에 악취가 나는 물질을 넣도록 법을 만든다.

즉, 브레인스토밍의 결과로 52개의 아이디어가 나왔고 그 중에서 중복 등을 제거하고 12개를 (직관적으로 쓸 만한) 골라냈다고 가정하자.

2) 적중영역 생성

경제	처벌	포상	건강	감시
5. 담배 가격을 심하게 올리자	1. 구속 시키자 40. 흡연자 벌금 48. 의무적 금연 교육 52. 담배에 악취가 나는 물질을 넣도록 법을 만든다.	28. 금연자에게 상금을 주자 39. 신고자 포상	10. 흡연 장소를 확대하자 11. 그곳에 끔찍한 사진을 붙이자 12. 담배 포장에 썩은 폐 사진을 부착하자 47. 금연 홍보 강화	35. 감지기를 설치하여 흡연 시 경고음 46. 금연 구역에 지킴이 배치

여기서, 적중영역의 개수나 적중영역에 붙인 경제, 처벌 등의 이름은 사용자가 임의로 설정하는 것이다. 실제로 이것을 정하는 것이 가장 창의적인 활동 중 하나다. 수렴적 사고 훈련을 통해서 이러한 역량을 기를 수 있다.

3) 재진술

결론을 도출하기 위해 위 표를 문장으로 요약하는 과정이다. 다음과 같이 요약할 수 있겠다.

금연 지역에서 담배 피우기를 막기 위해서는 1차적으로 담배 가격을 심하게 인상하여 흡연 자체를 줄이는 방법을 생각할 수 있다. 금연 홍보를 강화하거나 끔직한 사진 등으로 경각심을 높이는 방법도 있다. 금연자나 흡연자를 신고하는 사람에게 포상금을 지급하는 방법도 생각할 수 있고 감지기를 설치하거나 지킴이를 배치하여 감시를 강화할 수 있다. 흡연자에게 거액의 벌금을 내리거나 교육, 심지어 구속 등의 강력한 법적 제제를 가하는 것도 생각해 볼 수 있다.

4) 최종결론

재 진술된 내용들에 대하여 앞에서 다룬 PMI, PPC 또는 다음에 다룰 평가행렬법을 적용하여 최종 결론을 내린다.

하일라이팅을 효과적으로 수행하기 위해 다음과 같은 활동지를 활용할 수 있다.

하이라이팅 활동지

1. 히트(아이디어 선별)				
2. 적중영역				
3. 재진술				
4. PMI/PPC/가중평가행렬적용				

평가행렬법

아이디어와 평가요소를 행렬의 행과 열에 배치한 후 가중치를 고려하여 정량적으로 평가하는 사고방법이다. 브레인스토밍으로 얻어낸 여러 아이디어를 평가요소의 종류나 중요성 정도를 달리하며 다양한 측면에서 정량적으로 분석 할 수 있다. 좌측뇌가 좋아하는 게싼을 통한 정량적 수치를 산출해서 아이디어를 평가한다.

평가행렬법 적용 절차는 다음과 같다.

- 제시된 아이디어를 평가할 평가요소와 평점을 정한다. 평가요소는 해결하려는 문제 유형/범위/성격에 따라 개수 등이 달라질 수 있다. 평점은 5단계 척도(매우 그렇다(5), 그렇다(4), 보통이다(3), 아니다(2), 매우 아니다(1)), 3단계 척도(부정적(-1), 보통(0), 긍정적(1) 등이 사용될 수 있다. 평가요소의 개수에 따라 10단계 척도 등 자유롭게 선택할 수 있다
- 평가행렬을 완성한다. 아이디어를 행 평가요소를 열로 하는 행렬을 테이블 형태로 만든다
- 아이디어를 평가한다. 평가요소별 가중치를 부여하여 각 아이디어에 대한 가중치를 반영한 평가요소 점수합계를 계산한다. 평가요소별 가중치의 합은 100%가 되도록 할당

한다

• 결과를 분석한다

백문이 불여일견 구체적인 사례를 통해서 평가행렬법을 어떻게 적용하는지 알아보자.

1) 평가요소 및 가중치 설정

문제 : 금연 장소에서 흡연문제

(발산적 사고를 통해서) 생성한 아이디어 :

구속 시키자
담배 가격을 심하게 올리자
흡연 장소를 확대하자
금연유도(담배 포장에 썩은 폐 사진, 금연자에게 상금)
신고자 포상
흡연자 벌금

평가요소 : 현실성, 국민건강, 비용, 효과

평점 : 3단계 척도(-1, 0, 1)

2) 평가행렬 작성

아이디어	평가요소와 가중치				
	현실성	국민건강	비용	효과	합
구속 시키자					
담배 가격을 심하게 올리자					
흡연 장소를 확대하자					
금연유도					
신고자 포상					
흡연자 벌금					

3) 평가 수행

아이디어	평가요소와 가중치				
	현실성	국민건강	비용	효과	합
	.25	.25	.25	.25	1
구속 시키자	−1	1	0	1	.25
담배 가격을 심하게 올리자	0	1	1	1	.75
흡연 장소를 확대하자	0	−1	−1	0	−.5
금연유도	1	0	−1	1	.25
신고자 포상	1	0	−1	0	0
흡연자 벌금	1	1	1	0	.75

4) 결과분석

가중치를 고려한 평점합계에 의하면 담배가격을 심하게 올리는 것과 흡연자에게 벌금을 부과하는 것이 높은 점수를 얻는다.

하지만 평가행렬법에서 획득점수는 그렇게 중요한 것은 아니다. 평가행렬법으로 산정한 점수는 각 아이디어가 어떤 측면 즉 어떤 평가요소를 고려했을 때 중요성을 갖는가를 분석하는데 유용한 것이다. 합계 점수가 낮은 것이 나쁜 아이디어라 단정할 수는 없으며 오히려 그 아이디어를 유용하게 활용하기 위해서 어떤 개선을 해야 하는가를 분석해야한다.

평가요소를 평점이 아니라 서술(긍정, 부정 등)형으로 하여 아이디어를 정성적으로 평가하는 용도로 사용할 수도 있다.

평가행렬법을 효과적으로 수행하기 위해 다음과 같은 활동지를 활용할 수 있다.

아이디어	평가요소와 가중치				

05.

문제해결

문제

거두절미하고 문제해결이 무엇인지 사전적 정의부터 알아보자. 이렇게 시작하는 것은 좌측뇌 위쪽 즉, A영역의 지시다. 수학을 전공하기도 한 저자는 비교적 뇌를 고르게 사용하는 것 같기도 하다.

다음은 위키백과 사전 "문제해결" 항목을 인용한 것이다.

> **문제해결**(問題 解決)은 생각의 일부를 형성한다. 모든 지적 기능과 관련하여, 문제 해결은 중요한 기술이나 순서의 제어를 요구하는 높은 순위의 인지 과정으로 정의한다. 유기체나 인공지능 시스템이 바라던 목표 상태에 이르는 방법을 알지 못할 때 "문제 해결"을 하려고 한다. 문제 찾기와 문제 형성을 포함하는 더 넓은 문제 과정의 일부이다.

헐!이다. 이럴 때 영문 위키를 검색해보자! 다음은 Wikipedia "problem solving" 항목을 인용한 것이다.

> Problem solving consists of using generic or ad hoc methods in an

orderly manner to find solutions to problems. Some of the problem-solving techniques developed and used in philosophy, artificial intelligence, computer science, engineering, mathematics, or medicine are related to mental problem-solving techniques studied in psychology.

명쾌!하다. 문제의 답을 찾기 위해 차례로 적용한 방법들이다. 또한 국산 위키와 다르게 분야별 정의와 문제해결 전략, 문제해결 방법 등 내용이 많다. 대강 읽어나가다 보면 궁금증이 발동한다. 우리가 매일 입에 달고 사는 "문제"란 정확하게 뭘까? 역시 A영역이 다시 지시를 내린다.

문제가 문제다!
위키백과 사전 "문제" 항목을 인용해보자!

문제(問題)는 사람을 생각하게 하거나 괴롭히게 할 수 있게 되는 일이나 종류 따위이다. 또한 표준국어대사전에서는 다음과 같이 정의하고 있다.

해답을 요구하는 물음.
논쟁, 논의, 연구 따위의 대상이 되는 것.
해결하기 어렵거나 난처한 대상. 또는 그런 일.
귀찮은 일이나 말썽.
어떤 사물과 관련되는 일.

이쯤 되면 표준국어대사전에서 문제해결을 어떻게 정의하는지 알아볼 필요가 있겠다. 검색해보니 정보통신 분야 용어로 인공지능에서 컴퓨터를 이용하여 주어진 문제를 논리적으로 해결하는 방법이란다. 그렇다. 저자의 주 전공분야인 인공지능에는 "문제해결"이라는 연구분야가 있기는 하다. 아무튼 문제해결이 방법이라는 공통점을 확인했다.

문제란 그냥 그 상태로 두면 안 되는 무엇이고 문제를 해결한다는 건 그것을 원하는 상태로 바꾸는 일련의 방법을 찾는 것으로 이해할 수 있겠다. 뇌의 C, D 영역이 발달한 사람들은 척보면 그 방법을 알기도 한다. 척보고 답을 찾을 수 없을 땐 어떻게 해야 할까? A, D 영역이 지시를 내린다. 본보기를 찾아보고 그걸 따라하라고 말이다. 본보기란 무엇인가? 바로 모델이다.

문제해결 모델

학자들에 따라 수많은 문제해결 모델들을 제시해왔다. 여기서는 그 중 가장 간단한 모델을 소개한다. 간단하기 때문에 많은 문제해결 모델이 이 범주를 크게 벗어나지 않는다.

- 준비(preparation) : 문제를 구성하는 요소들과 그들의 관계를 분석하는 단계
- 숙고(incubation) : 생각이 소리 없이 그러나 부글부글 끓는 단계
- 영감(inspiration) : 해결책 혹은 해결책에 도달하는 방법이 느닷없이 떠오르는 단계
- 검증(verification) : 해결책이 원하는 목적에 해당하는지를 확인하는 단계

"문제에 답이 있다"는 말이 있다. 이 말이 진리라고 하지는 않겠지만, 이 말을 이해할 수 있게 되었다면 상당한 경지에 도달했다 할 수 있다. 문제 풀이는 준비단계에서 문제의 구성요소와 그것들 사이의 관계를 파악하는 것에서 출발한다. "세상의 모든 것들은 어떻게든 관계된다." 그 관계가 쉽게 보이는 것도 있고 그렇지 않은 경우도 있다. 창의성은 사물의 보이지 않는 관계를 보는 능력과 관계된다.

다음은 숙고 혹은 숙성의 단계다. 문제에 대하여 지속적으로 생각하면 해결책은 뜻밖의 시간 뜻밖의 장소에서 마술처럼 나타난다. 그러기 위해서 지식과 노력이 필요하다. 앞에서 소개한 창의성의 구성요소들이 작용하는 순간들이다. 경우에 따라서는 행운도 필요하다. 숙성이라는 말이 그러하듯이 그 행운은 준비된 자에게 나타나는 것이다.

"기회는 준비된 자의 것"이라는 말이 있다. 파스퇴르가 한 말이다. 영감은 충분한 숙고의 결과로 나타난다. 때로 우연한 발견으로 횡재를 얻은 경우들이 소개되기도 한다. 하지만 감정적/도덕적 관점을 배제하면 본질적으로 그 경우도 사전에 충분한 준비와 숙성의 과정이 있었기에 일어난 일이다. 영감이 떠오를 때까지 노력이 필요하다.

검증을 고의로 회피하는 나쁜 사람들이 있기도 하다. 검증을 소홀하게하면 본의 아니게 나쁜 사람이 될 수 있다. 느닷없이 떠오른 아이디어가 모두 정답은 아닐 것이다. 모순을 갖거나 비현실적이거나 또 다른 문제를 일으키기 일쑤다. 엄밀한 검증이 필요한 이유다. 아인슈타인이 다른 과학자보다 뛰어난 점은 많은 경우를 가정하고 그것들은 모두 면밀하게 검증했기 때문으로 알려져 있다.

다음 그림은 지금 설명한 문제 해결 모델과 다른 두 가지 모델을 비교한 것이다. 단계와 용어가 다르지만 본질적으로 크게 다르지 않다.

준비 preparation	정의 define	문제 정의
↓	↓	↓
숙고 incubation	분석 analysis	아이디어 창출
↓	↓	↓
영감 inspiration	재진술 reformulate	아이디어 최적화
↓	↓	↓
검증 verification	해결 resolve	아이디어 판정
	↓	↓
	검증 verify	해결책 실행

문제를 풀다보면 실패를 경험하게 된다. 실패에 대한 태도가 문제해결과 문제해결 능력을 기르는데 중요한 역할을 한다. 실패를 통해서 많은 것을 배울 수 있다. 김연아 선수가 세계 최고인 이유는 그가 세계에서 가장 많이 엉덩방아를 찧었기 때문이다. 손연재 선수가 곤봉을 잘 잡을 수 있는 이유는 그가 곤봉을 많이 떨어뜨렸기 때문이다. 앞서 "기회는 준비된 자의 것"이라는 파스퇴르의 경구를 언급했다. 원어로는 "Chance favors the prepared mind"다. "우연은 준비된 자의 것"으로 표현할 수도 있다. 남의 우연은 그에게 결코 우연히 아닐 수 있다. 실패에 대한 긍정적 태도로 집요하게 문제에 다가갈 때 뜻밖의 행운이 찾아온다.

문제해결 전략

본보기로써 모델이 절차를 강조한다면 전략은 구체적인 계획을 말한다. 문제를 해결하는 효과적인 전략 몇 가지를 살펴보자.

1) 아는 지식의 활용

문제해결을 어렵게 하는 이유는 아는 것이 부족해서가 아니라 아는 것을 적절하게 활용하지 못해서인 경우가 많다. 사실 우리는 너무나 많은 것을 알고 있다. 우리의 뇌가 엄청나게 많은 것을 저장하고 있다는 뜻이다. 우리의 뇌가 문제를 해결하는 매 순간 그 많은 지식을 다 적용해 볼 수는 없는 노릇이다. 그래서 우리 뇌는 문제해결의 순간 우리가 알고 있는 지식의 일부만을 사용한다.

지식의 일부만을 사용하는 뇌의 문제해결 방식을 극복하는 방법은 다음과 같다.

- 문제를 종이에 써라
- 그 문제를 더 쉬운 표현으로 다시 써라
- 가능하다면 그 문제를 쉬운 수학으로 다시 써라
- 가능하다면 그 문제를 그림, 도표, 그래프로 나타내라

예제 : 남편과 부인 나이의 합이 98이고, 그의 지금 나이는 그가 그녀의 지금 나이였을 때 그녀 나이의 2배다. 남편과 부인의 나이는?

쉬운 표현

남편과 부인 나이의 합은 98

남편의 지금 나이는 남편이 부인의 지금 나이였을 때 부인 나이의 2배

더 쉬운 표현

남편과 부인 나이의 합은 98

x년 전 남편의 나이는 지금 그녀의 나이

지금 남편의 나이는 부인의 x년 전 나이의 2배

수학으로 표현

$h + w = 98$

$h - x = w$

$h = 2(w-x)$

■ ■ ■

방정식과 미지수의 개수가 같으므로 연립하면 h=56, w=42, t=14를 얻는다. 즉 부인의 14년 전 나이는 28세이고 지금 남편은 그 2배인 56세다.

예제 : 스미스 부인은 악수를 몇 번 했을까?

스미스 부부가 4쌍의 부부를 초대하여 파티를 열었다. 파티에 초대된 사람들은 서로 모르는 사이도 있고 아는 사이도 있다. 모두가 도착했을 때 몇몇 사람은 다른 몇몇 사람과 서로 악수를 했다. 물론 부부끼리는 악수를 할 이유가 없고 동일한 사람과 2번 악수하지도 않는다. 호기심이 많은 스미스 씨는 9명 모두에게 악수한 횟수를 물었다. 공교롭게도 모든 사람이 악수 한 횟수가 달랐다. 자 그렇다면 스미스 부인은 악수를 몇 번이나 했을까?

힌트 : 그림을 그려라!
더 센 힌트 : 사람들을 동그란 원형으로 배치해보라!

■ ■ ■

2) 편견 극복

문제해결을 어렵게 하는 다른 이유로 문제에 없는 제한을 스스로 가하는 경우가 있다. 다음 그림과 같은 9개의 점을 4개의 연속된 직선으로 잇는 문제는 보이지도 않는 마음의 사각형에 생각을 가두는 대표적 사례다.

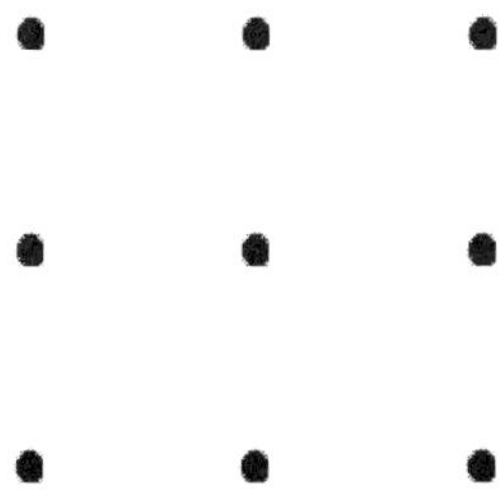

추가 예제 : 위 문제를 어렵지 않게 해결했다면 이번에는 3개의 연속된 직선으로 이어보라.

편견을 극복해야 풀 수 있는 다른 경우를 생각해보자. 다음과 같은 도형이 있다고 하자. 이 도형을 동일한 모양의 도형으로 3등분하시오.

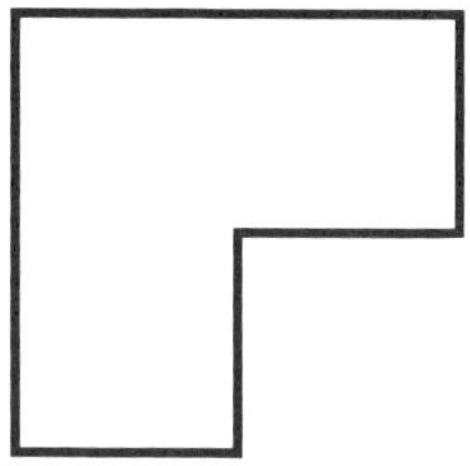

■ ■ ■

추가 예제 : 어렵지 않게 3등분 할 수 있었겠다. 그렇다면 다음을 동일한 모양의 도형으로 3등분하시오.

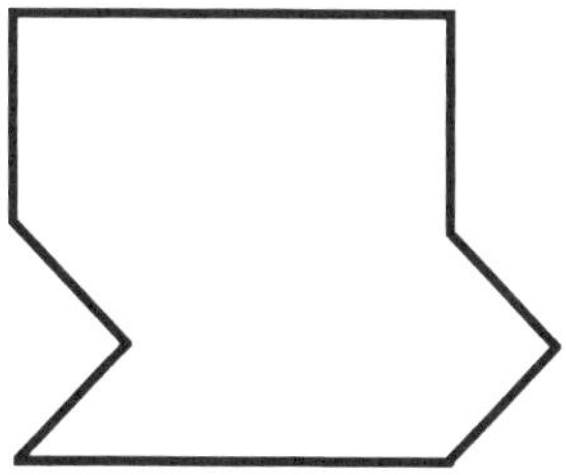

■ ■ ■

추가 문제들은 상당히 어려울 수 있는데, 정답을 여기서 언급하면 독자가 상상력을 기르는 데 전혀 도움이 되지 않는다. 충분히 생각해 보신 후 메일(twkang@gwnu.ac.kr)을 보내시면 친절하게 안내해 드린다.

3) 문제해결 지침

- 먼저 숲을 봐라
- 가능한 여러 가능성을 검토하라
- 문제를 단순하게 표현하라 즉, 추상 모델을 만들어라
- 다르게 표현하라
- 문제를 바르게 표현하라(올바른 용어로 문제를 기술하고 질문하고 답하라)
- 의심하라(아인슈타인은 200년간 믿어온 뉴턴 역학에 의문을 가졌다)
- 반대로 생각하라
- 일반화하거나 특수화하라

- 그럴듯해 보이면 망설이지 말고 시도하라
- 잘게 쪼개라
- 유추하고 은유하라
- 자신의 감정을 믿어라
- 문제를 쓰고 말하고 듣고 대화하라. 문제가 머릿속을 떠나 세상에 나오는 순간 보이지 않던 것이 보인다.

위에 언급한 문제해결 지침을 가만히 살펴보면 매우 재미있는 점을 알 수 있다. 즉, 앞에서 다루었던 두뇌우성 모델과 지침들 사이의 관계다. 13가지 지침이 뇌의 각 영역과 밀접하게 관계됨을 알 수 있다. 독자 스스로 각 지침이 어느 영역을 활성화해야 하는지 분리해보라. 결국 창의적 문제해결력은 뇌의 전 영역을 적절하게 사용해야하는 총뇌적 활동임을 다시 확인 할 수 있다.

문제해결과 종합적 사고력

예비 사회인으로서 대학생이, 사회의 어떤 분야에 진출하든, 공통적으로 갖추어야할 핵심 경쟁력을 진단하는 대학생핵심역량진단시스템(K-CESA)이 있다. 교육부와 한국직업능력개발원이 개발한 이 시스템을 통하여, 학생과 대학은 역량을 키워야할 방향을 정할 수 있다. 이 시스템은 6가지 영역의 역량을 진단하는데, 그중하나가 종합적 사고력이다. 종합적 사고력은 다음과 같이 분석, 추론, 평가, 및 대안 능력을 평가하여 학생의 현재 사고력 수준을 진단한다.

구성요인	요인설명
분석적 능력 (analytical)	진술 또는 자료의 해석 진술 또는 자료의 관계파악(진술 또는 자료 사이의 모순성 발견) 해결해야 할 과제 이해 과제해결을 위하여 필요 정보 파악
추론적 능력 (inferential)	주어진 진술 혹은 내용에 포함된 정보로부터 타당한 결론 도출(귀납) 진술이나 주장이 어떤 특정한 원리를 따르고 있는지 인식(연역)

구성요인	요인설명
평가적 능력 (evaluational)	과제 해결의 목적에 타당한 최선의 대안 선정 타당한 준거나 기준에 근거한 각 진술, 가정, 대안 등의 아이디어를 검증 계획된 대안을 예상되는 긍정적/부정적 결과의 견지에서 판단
대안적 능력 (alternative)	아이디어 생성의 유창성, 융통성, 독창성, 정교성

종합적 사고력을 구성하는 항목과 각 항목의 세부 내용을 살펴보면, 종합적 사고력의구성이 문제해결 모델과 대응함을 알 수 있다. 즉 문제를 분석해서 추론을 통해 해결책을 구상한 후 평가하여 적절한 대안 즉 최종 해결책을 제시하는 일련의 과정이 완성될 때 종합적 사고력을 지니게 된다. 특히 대안적 능력이 유창성, 융통성, 독창성 및 정교성이라는 창의성 구성요소와 직접 관계됨을 알 수 있다. 종합적 사고력은 창의적 문제해결 능력이라는 뜻이다.

06.

트리즈

트리즈는 1940년대 옛 소련 해군에서 특허심사업무를 담당하던 겐리히 알츠슐러(Genrich Altshuller)가 고안한 창의적 문제해결을 위한 체계적 방법론이다. 러시아어 "Teoriya Resheniya Izobretatelskikh Zadatch 쩨오리아 레셰니아 이조브레타 스키흐 자다취"의 이니셜로써 영어로는 "Theory of inventive problem solving"에 해당한다. 알츠슐러는 당시 군 관련 기술적인 문제를 해결하면서 발명에 어떤 공통의 법칙과 패턴이 있음을 알게 되었고 누구나 창의적으로 문제를 해결할 수 있는 일반적이고 체계적인 문제해결 방법론을 개발하고자하였다. 그렇다면 어떻게 그 방법을 찾을 수 있을까? 그는 그 해답을 특허에서 찾았다. 그는 전 세계 다양한 분야의 특허를 추출하여 분석해서 하나의 발명 원리로 체계화하여 제시하였다. 그것이, 이후 여러 차례 수정을 거쳐 오늘에 이른, 바로 40가지 발명원리다. 그는 특허 분석의 결과로 창조성의 수준을 다음과 같이 5단계로 구분하기도 하였다.

수준 1 : 해당분야 전문가들의 익숙한 방법을 이용한 해결, 이 수준이 차지하는 비율은 32%이고 필요한 지식은 개인이 알고 있는 지식이다.

수준 2 : 현재 시스템에서 기능을 추가하여 이루어지는 개선, 이 수준이 차지하는 비율은 45%이고 필요한 지식은 동일 산업 내 지식이다.

수준 3 : 현재 시스템의 획기적인 개선, 이 수준이 차지하는 비율은 18%이고 필요한 지식은 다른 분야 산업 내 지식이다.

수준 4 : 새로운 개념의 시스템을 창조, 이 수준이 차지하는 비율은 4% 정도이고 상당한 과학적 지식을 필요로 한다.

수준 5 : 완전히 새로운 개념을 선구적으로 발견하는 것으로, 이 수준이 차지하는 비율은 1%이고 새로운 과학을 필요로 한다.

트리즈의 기본정신

트리즈! 하면 보통 40가지 발명원리를 떠올릴 수 있는데, 40가지 발명원리가 트리즈의 전부는 아니다. 사실 스캠퍼가 7개의 원리로 구성된 점을 생각해보면 발명원리 40개는 너무 많다. 비록 트리즈가 40가지 발명원리로 비롯되지만, 트리즈를 최고의 문제해결 체계로 만든 건 40가지 발명원리가 아니다.

알츠슐러가 트리즈를 개발할 때 가진 기본정신은 "내 문제 해답은 다른 사람이 이미 알고 있다"다. 즉, "우리 동네 문제의 해답을 다른 동네 사람은 이미 알고 있다"는 것이다. 해군에 근무하던 시절 그는 선박 용접과 관련된 문제를 해결하여 인정을 받았다. 그런데 몇 개월이 지나 잠수정과 관련된 오랜 난제에 참여하게 된 그는 그 문제의 해결책이 선박 용접 문제 해결책과 일치한다는 것을 알아내고 곧바로 해결하였다. 또다시 몇 개월이 지난 후 구축함의 함포와 관련된 기술적 문제해결에 참여한 그는 겉보기에는 전혀 다르게 보이는 그 문제 역시 앞의 두 문제와 해결책이 같다는 점을 파악하고 어렵지 않게 해결하게 되고 그는 군 내부에서 명성을 얻는다.

알츠슐러는 낯설고 복잡해 보이는 (우리 동네) 문제로부터 출발해서 어떻게 단순하고 올바르게 (답이 알려진 다른 동네) 문제로 변환할 수 있을지를 연구하였다. 그는 현실의 문제에 직접 달려드는 경우 많은 시행착오가 수반되는 점을 극복하고자했다. 문제에 직접 달려들어 시행착오를 거치며 이리저리 헤매는 대신 먼저 문제를 분석하여 전형적인 표준 문제로 변환한 후, 대응되는 표준 해결방법을 적용하여 원래의 문제를 해결하려한 것이다.

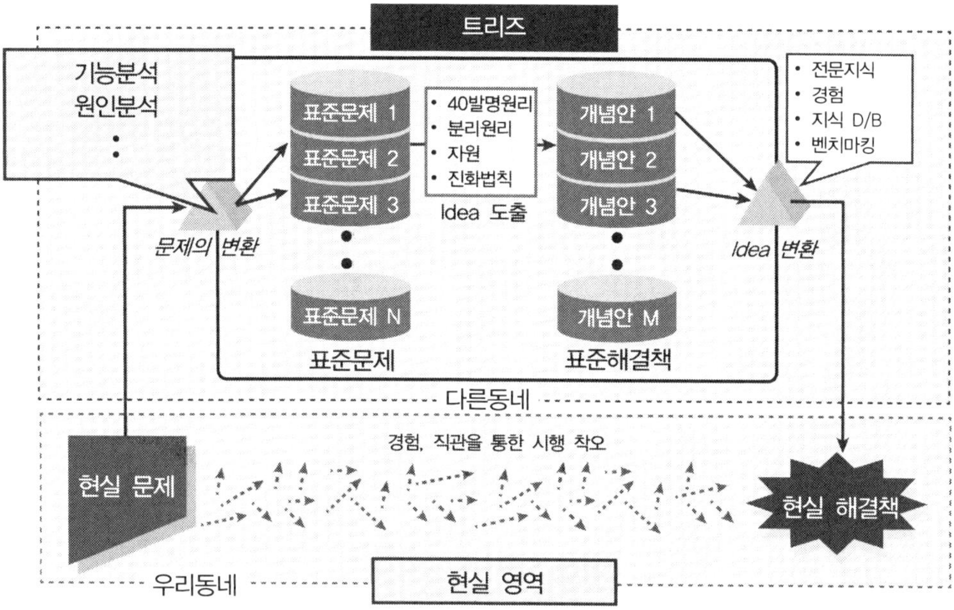

그림 출처, KMAC(한국능률협회 컨설팅) TRIZ 전문가 과정 자료집

이러한 기본정신을 근거로 한 트리즈 문제해결 모델 역시 5장에서 소개한 문제해결 모델과 근본적으로 같다. 트리즈 문제해결 모델은 다음과 같이 구성할 수 있다.

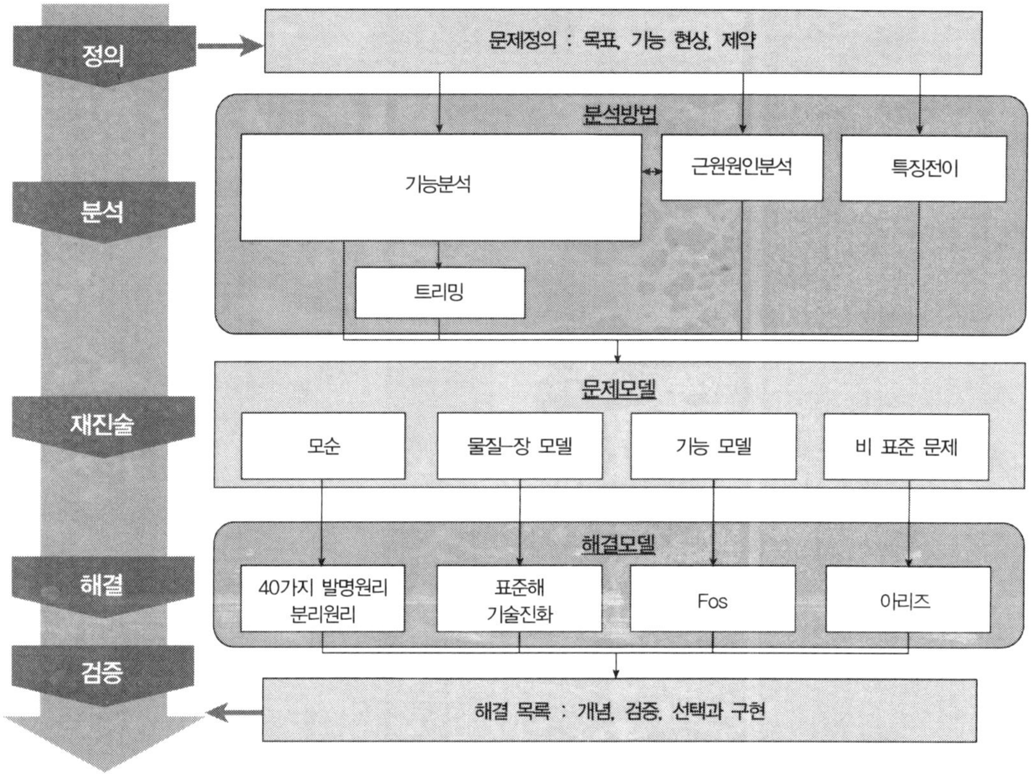

그림 출처. KMAC(한국능률협회컨설팅) TRIZ 전문가 과정 자료집 재구성

트리즈 문제해결 모델 왼쪽의 5단계 수행 절차와 앞에서 소개한 단순한 4단계 문제해결 모델의 수행 절차는 다음과 같이 대응된다.

- 정의(define) ⇔ 준비(preparation)
- 분석(analysis) ⇔ 숙고(incubation)
- 재진술(reformulate)
- 해결(resolve) ⇔ 영감(inspiration)
- 검증(verify) ⇔ 검증(verification)

즉, 트리즈는 원래의 문제를 표준문제로 변환하는 재형식화 즉 재진술의 과정이 명시적으로 구분되어 있으며 이것이 트리즈의 기본정신에서 비롯된 절차다.

위 그림에는 기능분석, 원인분석, 특징전이 등 분석 도구, 모순, 물질-장 모델, 역기능, 근원원인, 비표준 문제 등 재진술 모델, 그리고 각각의 문제모델에 대응하는 문제해결 (도구) 모델로써 40가지 발명원리, 분리원리, 표준해의 진화 경향, 기능지향시스템 FOS, ARIZ 등

트리즈의 모든 개념들이 포함되어있다.

모델의 각 단계를 간단하게 요약해보자.

- **정의** : 문제를 정의하는 단계다. 문제를 구성하는 구성요소, 문제현상에 대한 진술, 제약조건 등이 바르게 정의되어야 문제를 해결할 수 있다. 무엇이 문제인지 모른다면 결코 해결할 수 없다. 무엇을 모르는지 모르는 사람은 결코 잘 해낼 수 없다.
  트리즈에는 문제를 잘 정의해야한다는 원론만 있을 뿐 어떻게 잘 정의하는지에 대한 방법론이 없다. 트리즈는 이어지는 변환과정에서 문제정의의 부족함이 드러나고 자연스럽게 해소될 것으로 본다. 그러나 문제 정의 방법론이 없다는 것은 트리즈의 약점이 될 수 있으며, 상대적으로 문제정의에 초점을 맞춘 문제해결 방법론인 **디자인 씽킹**이 좋은 대안이다. 즉, 디자인 씽킹과 트리즈가 결합된다면 최상의 창의적 문제해결 방법론이 될 수 있다. 디자인 씽킹은 거의 완전한 문제정의 방법론은 제시하시만 해결방안 도출에 대해서는 아무 것도 제시하지 않는다.
- **분석** : 시스템에 내포된 모순, 대상의 기능적 관계, 문제의 근원원인 등을 찾아내는 단계다. 기능분석, (근원)원인분석, 특징전이를 사용해서 모순을 찾아낼 수 있다. 모순은 트리즈 3대 핵심 개념의 하나이며 기능분석, 원인분석 등에 대해서 앞으로 상세하게 다룬다. 트리밍은 분석 단계에 위치하지만 기능분석의 결과로부터 곧바로 해결책을 시도하는 해결 단계 방법론이다.
- **재진술** : 전 단계 문제분석의 결과로 문제의 모순이나, 기능상의 상호 관계, 문제의 숨은 원인 등이 극명하게 나타나도록 문제를 재진술하는 것이다. 물질-장(Su-F) 모델 등은 높은 수준의 트리즈 개념으로 이 책에서는 모순을 중심으로 문제해결 방안을 도출하는 방법을 자세하게 다룬다.
- **해결** : 문제의 모순을 해소하여 이상적인 해결책을 도출하는 단계다. 주로 40가지 발명원리와 분리원리를 적용하여 문제의 해결책을 찾는다. 표준해, 진화경향, FOS, ARIZ 등은 매우 복잡한 트리즈 이론으로 역시 이 책의 범위는 아니다.
- **검증** : 제시된 해결책이 충분히 만족할 만한 것인지를 검증하는 단계다. 만족할 수 없다면 문제의 정의부터 다시 시작한다. 트리즈에서 만족은 타협이 아니라는 점에 주의해야 한다. 타협하지 않고 궁극의 이상적인 해결책을 추구하는 게 트리즈의 또 다른 핵심 개념이다.

이상을 정리하면 다음과 같이 요약할 수 있다.

1) 문제를 정의한다.
2) 기능분석/(근원)원인분석으로 모순을 찾아낸다.
3) 모순 관점으로 문제를 서술한다.
4) 40가지 발명원리와 분리원리를 적용하여 해를 구한다.
5) 검증한다.

결국 기능분석/(근원)원인분석, 40가지 발명원리, 분리원리 이렇게 4가지 기술만 정확하게 이해하는 것으로도 많은 문제를 해결할 수 있다. 이것이 익숙해지고 나면 기술시스템 진화, ARIZ 등 높은 수준의 트리즈 세계로 들어갈 수 있다. 반대로 이러한 개념을 정확하게 이해하고 적용하지 못한다면 결코 높은 수준의 트리즈 전문가가 될 수 없다.

그렇다면 이 4가지를 익혀야하는데 그러기 위해서는 먼저 트리즈의 3대 핵심개념을 이해해야한다.

트리즈를 형성하는 3가지 핵심개념은 모순, 자원, 이상해이다. 40가지 발명원리로 출발한 트리즈가 전 세계적으로 인정받고 많은 전문가집단이 활동하는 이유는 이러한 3가지 핵심개념의 탁월함에 있다. 다음 그림은 모순, 자원, 이상해와 트리즈 기술의 관계를 나타낸다.

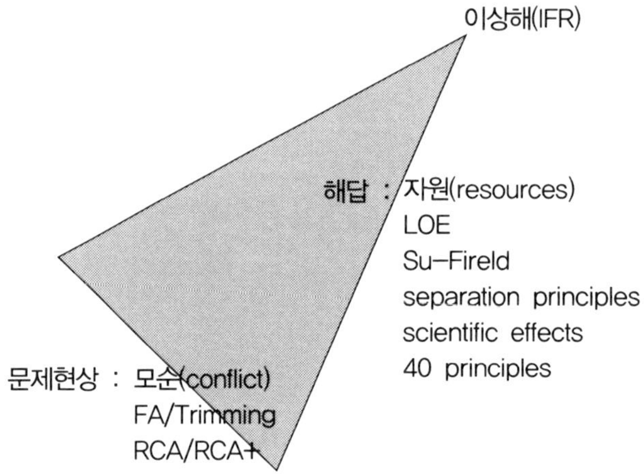

모순

이러지도 저러지도 못하는 경우 다시 말하면 이러자니 저게 문제고 저러자니 이게 문제되는 경우를 모순(conflict/contradiction/dilemma)이라 부른다. 아주 많은 문제들이 겉으로는 들어나지 않지만 이러한 모순이 원인으로 내포되어있다. 따라서 문제에 숨어있는 모순을 끌어내서 모순의 관점에서 문제를 재진술하면 답을 찾기가 쉽다는 것이 트리즈의 제1핵심이다.

트리즈 세계에서는 특정 물건이 역사적으로 어떻게 변해왔는지를 통해서 중요한 개념을 설명하기 좋아한다. 자전거가 좋은 예다. 다음 그림은 초기에 사용하던 자전거를 나타낸다. 어떤 것이 더 오래됐을까?

생각과는 다르게 왼쪽이 더 오래된 것이다. 자세하게 살펴보면 체인이 없다. 즉, 오른쪽 형태의 자전거를 거쳐 오늘날 흔히 사용하는 자전거 형태가 등장한다. 그렇다면 왜 사람들은 오른쪽 같은 형태의 자전거를 사용했을까? 그렇다 속도 때문이다. 바퀴가 크면 빠르게 이동할 수 있다. 그러나 문제가 생겼다. 불안정하다. 왜? 무게중심이 높아서다. 그렇다면 무게중심을 낮추려면? 바퀴를 작게 하면 된다. 그러면 다시 느려진다. 이것이 자전거라는 시스템에 내재된 모순이다.

바퀴를 크게 하자니 안정성이 떨어지고, 바퀴를 작게 해서 안정성을 높이자니 속도가 떨어지고, 이러지도 저러지도 못할 상황이다.

다음은 자전거의 발전 과정을 보여준다. 안정성을 고려해서 바퀴크기를 작게 하는 대신 체인을 이용하는 방식의 자전거가 나오기까지 70년 가까운 시간이 걸렸다.

- 사실 체인 이전의 자전거는 바퀴의 크기뿐 아니라 방향을 제어하는 앞바퀴로 동력을 전달하기에 안정성이 더 떨어진다. 체인을 이용하는 자전거는 동력을 뒷바퀴에 전달함

으로써 속도 및 안정성을 더욱 높일 수 있다.

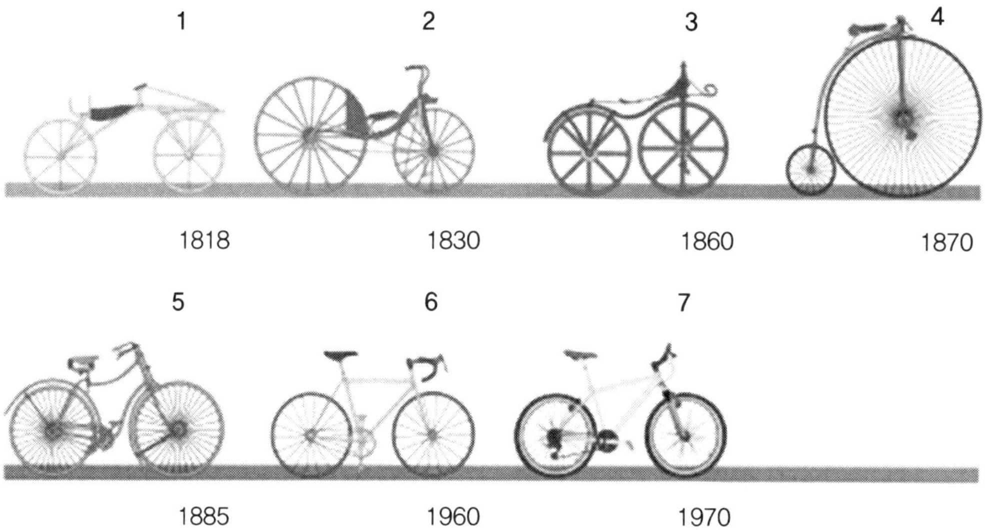

그림 출처, 위키백과, 자전거의 변천사

트리즈의 문제해결은 문제에 숨어있는 모순을 분명하게 하는 것에서 시작된다. 물속에 잠겨있는 빙산의 아랫부분을 수면위로 끌어올리는 것이다.

그렇다면 어떻게 그렇게 할 수 있을까?

기능분석과 (근원)원인분석이 그것을 도울 것이다. 그들에 대해서는 이어지는 장에서 본격적으로 다룰 것이다.

먼저 모순의 두 가지 종류에 대해 더 알아보자. 트리즈는 모순을 물리적 모순과 기술적 모순 두 가지로 구분한다.

다음은 물리적 모순을 나타낸다.

물리적 모순(Physical Contradiction) : 하나의 특성이 서로 상충되는 상태		
P는 (+)해야 A이고, P는 (−)해야 B이다	또는	P는 A이기 위해선 (+)해야하고, P는 B이기 위해선 (−)해야한다
P(+) 커야 높아야 강해야 많아야 길어야 무거워야 진해야한다		P(−) 작아야 낮아야 약해야 적아야 짧아야 가벼워야 흐려야한다
물리적 모순을 해소하는 전통적인 방법은 타협이지만 트리즈는 타협을 추구하지 않는다. 양쪽을 모두 충족하는 이상적인 해를 추구한다		

즉, 트리즈의 물리적 모순은 하나의 특성에 대해 모순되는 조건이 동시에 요구되는 경우를 나타낸다. 이러한 물리적 모순을 해결하는 전통적인 방법은 중간을 택하는 타협이다. 이와 다르게 트리즈는 물리적 모순의 완전한 해결을 지향한다.

다음은 기술적 모순을 나타낸다.

기술적 모순(Technical Contradiction) : P에 의해 A를 개선하면 B가 악화되는 관계		
IF P(+)이면 THEN A는 좋아진다 BUT B는 나빠진다	또는	IF P(−)이면 THEN B는 좋아진다 BUT A는 나빠진다
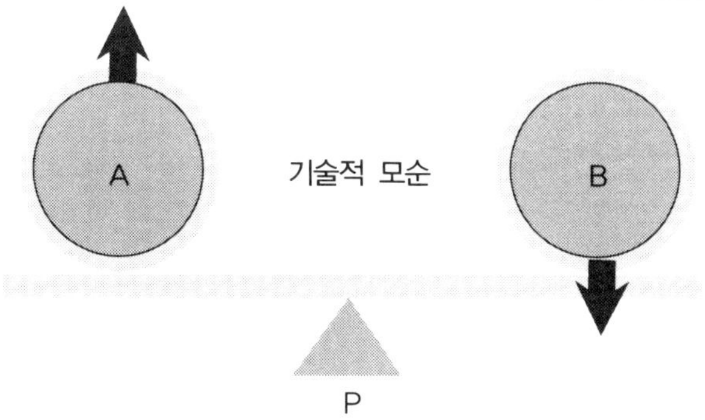 		
모순을 찾으면 40가지 발명원리, 분리원리를 이용해서 해결한다		

물리적 모순과 다르게 기술적 모순은 상이한 두 성질 사이의 상반되는 관계를 나타낸다. 즉 하나가 좋아지면 다른 하나가 나빠지는 관계에 있게 된다. 따라서 두 모순은 물리적 모순을 매개로 표의 그림과 같이 관계됨을 알 수 있다. 즉, 기술적 모순을 일으키는 A, B에 공통으로 영향을 주는 특성 P가 물리적 모순을 일으킨다. 이렇듯 트리즈에서 물리적 모순과 기술적 모순은 동시에 나타난다.

물리적 모순과 기술적 모순의 개념을 앞에서 설명한 자전거에 적용해 보면 쉽게 이해할 수 있겠다. 바퀴의 크기라는 특성 P가 자전거라는 시스템의 물리적 모순이다. 그리고 상반되는 성질이 바로 안정성과 속도다. 즉, 바퀴라는 특성이 (안정성을 위해서) 작아야하면서 (속도를 위해서) 커야하는 게 물리적 모순이고, 바퀴가 작으면 안정성은 좋으나 속도가 느리다(반대로 바퀴가 크면 속도는 빠르나 안정성이 나쁘다)는 게 기술적 모순이다.

■ 자전거에서 발견할 수 있는 모순은 매우 다양할 수 있다. 아직 해결하지 않은 모순을 찾아 해결하면 새로운 자전거가 되는 거다.

자원

트리즈는 공짜 해를 추구한다. 거저먹겠다는 뜻이다. 어떻게 그것이 가능할까? 예를 들어보자. 1994년 9월 28일 새벽 1시경, 스웨덴과 에스토니아를 오가던 대형 카페리선 에스토니아호가 침몰해 승무원과 승객 총 989명 중 853명이 사망하는 사고가 일어난다. 풍랑으로 인해 뱃머리의 램프도어가 파손되면서 일어난 사고로 이로 인해 페리선에 대한 안전 규정이 더욱 강화되었다.

페리선은 사람과 화물, 특히 차량을 같이 실코 가는 선박이다. 보통 상부에 승객을 위한 공간이 있고 하부에 차량을 위한 넓은 공간이 있다. 평상시에는 큰 문제가 없겠으나 폭풍우라도 몰아치면 문제가 심각하다. 높은 파도에 의해 바닷물이 배안으로 밀려들어오면 순식간에 배가 뒤집어 질 수 있다. 이 문제를 어떻게 해결할까?

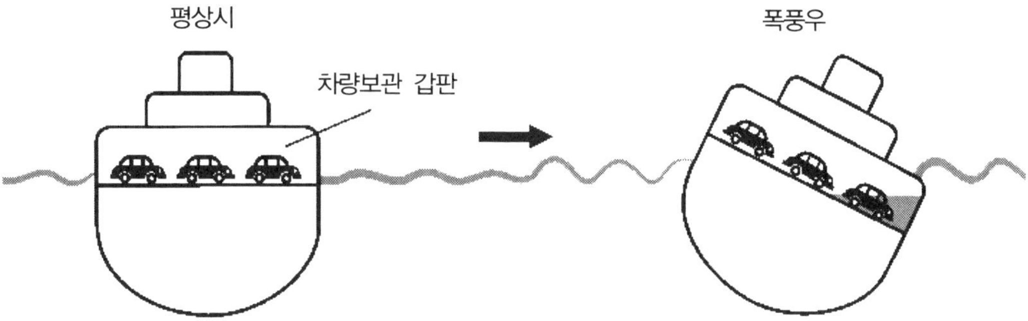

선박 문제에 대한 트리적인 해결책은 다음과 같다. 즉, 선박으로 들이닥친 해로운 바닷물을 선박의 균형을 잡는 이로운 것으로 바꾸는 것이다. 이어서 다루게 될 40가지 발명원리 중 22번이다.

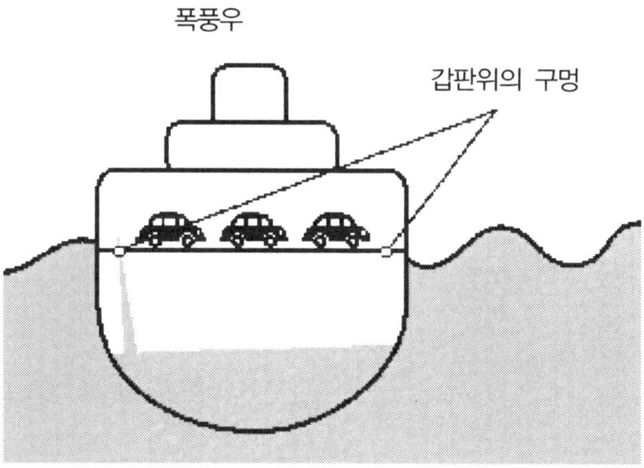

트리즈에서 자원(resources)은 문제를 해결하기 위해 사용할 수 있는 모든 것이다. 물질, 에너지, 시공간 자체 모두가 문제해결에 사용될 수 있으며 거리에 쌓인 쓰레기도 문제해결을 위한 자원으로 활용될 수 있다.

자원의 의미를 머리에 새기기 위하여 몇 가지 예를 더 살펴보자.

다음과 같이 3층 다락에 3개의 전구가 있고 각각의 스위치가 1층 현관 옆에 있는 집으로 이사를 하였다. 문제는 전구 1,2,3에 대응되는 스위치가 a,b,c 중 어떤 것인지 알 수 없다는 것이다. 전구와 스위치의 대응 관계를 알아내려면 몇 번이나 다락에 올라가야 할까?

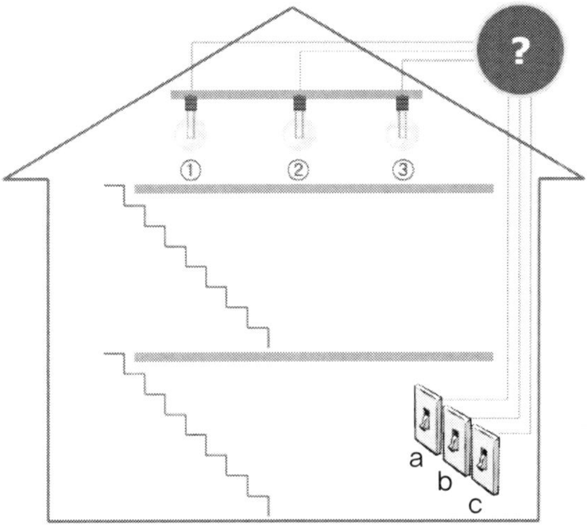

트리즈 해결방법은 1번 오르는 것으로 충분하다. 먼저 a 스위치를 켠다. 잠시 후 a를 끄고 b를 켜고 다락으로 올라간다. 불이 들어온 전구의 스위치가 b다. 전구를 만져본다. 따듯하면 a에 대응하는 것이다.

여기서는 열을 자원으로 활용한 것이다.

다음은 구 소련에서 있었던 감자벌레 퇴치 사례다. 감자는 구황식품으로 당시 어려운 사람들에게는 목숨을 유지하는 수단이고 정치인들에게는 권력을 유지하는 수단이다. 먹을 것이 없으면 폭동이 일어난다. 어느 해부터인가 감자벌레가 생겨 수확량이 마구 줄어들었다. 긴장한 정부는 전문가들을 파견하여 퇴치방법을 찾기 시작하였다.

어떻게 해야 할까?

우여곡절 끝에 감자벌레가 겨울잠을 잔다는 것을 알아냈다.

흔히 하는 방법으로 감자를 심기 전 밭에 불을 질러도 소용이 없었다. 독하다! 왜 그럴까?

감자벌레가 땅속 깊은 곳에서 겨울잠을 자기 때문이다.

그렇다면 어떻게 해야 할까?

감자껍질이 감자벌레 퇴치의 궁극적인 해결책으로 활용되었다. 이른 봄 버려지는 감자껍질을 밭에 뿌리면 땅속 깊은 곳에서 잠자던 감자벌레들이 먹이 활동을 하러 지표로 올라온다. 이때 밭에 불을 지르면 감자벌레가 몰살한다. 자원을 활용한 트리즈적 문제해결이다.

이상해

자전거를 다시 생각해보자. 앞, 뒤 바퀴의 크기를 같게 하는 방식으로 되돌아가 안정성과 속도라는 두 마리 토끼를 잡는다는 건 타협이다. 즉, 다음 그림과 같이 적당한 크기의 바퀴로 속도와 안정성을 적당하게 확보하자는 것이다.

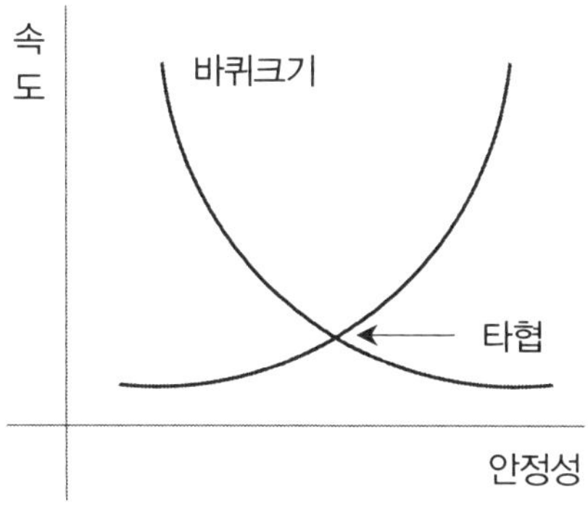

많은 문제 해법들이 타협에 의존한다. 트리즈는 타협하지 않는다.

트리즈의 세 번째 핵심 개념 이상해(IFS)를 이해하기 위해 먼저 이상성에 대해 알아보자. 이상성은 다음과 같이 기능에 대한 비용의 비율이다. 즉, 어떤 시스템이 기능은 좋고 (그러기 위한) 비용이 적을수록 좋다는 뜻이다. 음식이라면 맛이 있으면서 싼(재료를 적게 사용한) 것이 좋다. 연필이라면 잘 써지면서 싼(재료를 적게 사용 한) 것이 좋다.

$$\text{이상성}(ideality) = \frac{\text{기능}(function)}{\text{비용}(\mathrm{cost})}$$

트리즈는 이상성 = ∞를 지향한다. 이러한 해결책을 **이상해**라 한다. 기능은 최대이면서 비용은 최소를 추구한다. 여기서 비용은 질량, 돈, 에너지 등등 이고 이것이 0에 가깝다면 이상성은 ∞가 되며 그러한 시스템이 이상적인 시스템이다. 기능은 완벽하게 수행하면서 물리적으로 존재하지 않는 시스템이다.

물론 이러한 시스템은 이론적인 것이다. 에너지를 소비하지 않고 작동하는 시스템은 없다. 세상에 공짜가 없음이다. 그럼에도 알츠슐러가 말한 것과 같이 시스템은 이상성이 증가하는 방향으로 진화해왔음을 경험적으로 그리고 역사적으로 알 수 있다. 그러한 사례를 생각해보라!

(도자기 - 스테인리스 - 플라스틱 - 종이)컵

주위를 돌아보고 기능은 같으면서 구성요소의 비용을 낮출 수 있는 무엇을 찾으면 유명해질 수 있다!

트리즈가 추구하는 이상해(IFS : Ideal Final Solution)란 바로 그 극한의 지향점이다. 우리가 어떤 문제를 트리즈로 해결한다면 기능은 최대면서 비용은 0인 그야말로 공짜 해결책을 목표로 정하고 절대로 타협하지 않겠다는 마음을 가져야한다는 뜻이다.

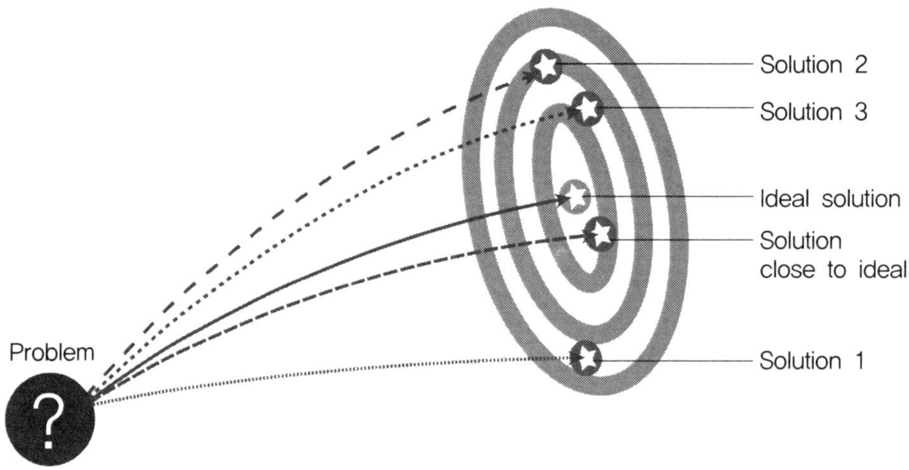

다음은 이상적인 시스템 즉 이상해에 도달 하는 일반적인 방법이다. 여기서 시스템이란 용어에 거부감을 가질 필요는 없다. 시스템을 그냥 그것이라고 해도 무방하겠다.

- 시스템의 유해한 기능을 제거한다
- 시스템의 유익한 기능을 유지하거나 증가 시킨다
- 시스템을 복잡하게 만들지 않는다
- 공짜 또는 가용자원을 이용한다
- 새로운 유해한 기능을 도입하지 않는다

트리즈는 공짜 해를 추구한다. 즉 시스템의 원래 기능은 유지하면서 혹은 더 낫게 하면서 비용을 최소화하는 해결책을 찾는 것이다. 그때 위력을 발휘하는 것이 자원이다. 또한 흔히 시스템의 모순을 찾아내 공짜 자원을 활용하면 이상해에 가깝게 다가갈 수 있다.

이제 우리는 모순, 이상해, 자원이라는 트리즈의 3대 핵심 개념을 이해했다. 그렇다면 모순은 어떻게 찾아내는가?

이제부터 본격적으로 트리즈 문제해결 수단을 알아보겠다. 먼저 40가지 발명원리를 다룬 후 기능분석 및 원인분석을 통해 모순을 찾는 방법 그리고 그 모순을 해결해서 이상적인 해를 찾는 트리즈 문제 해결 절차를 차례로 살펴보자.

07. 40가지 발명원리

4만 가지(책에 따라 다른데 개수가 중요한 건 아님) 이상의 수준 높은 발명품을 분석한 알츠슐러는 그것들이 모두 기술적 모순을 해결한 결과임을 간파하고, "기술적 모순을 제거하기 위한 기초적 방법"이라는 소책자를 통해 40가지 발명원리를 세상에 발표한다. 40가지 발명원리와 모순행렬표를 사용하면 문제가 저절로 풀리는 트리즈의 가장 기본적인 도구다.

산업분야의 경우 모순행렬표를 사용해서 즉각적으로 해결책을 찾을 수 있어 매우 유용하기는 하지만, 산업화 시대에 완성된 원리라서 물리 화학적 원리를 활용하거나 기계 장치 등에 적용된 원리는 오늘날의 관점으로 보면 너무 당연하거나 반대로 난해할 수 있어 일반인들에게 매우 어색하게 느껴지기도 한다. 특정 업무에 종사하는 경우가 아니라면 40가지 발명원리를 모두 알고 있을 필요는 없겠다.

40가지 발명원리는 다음과 같다.

1) 분할

달걀에서 병아리가 여러 마리 나온다. 처음부터 어려운 그림이 나왔다. 그러나 조금 생각해보면 하나라는 편견을 깨라는 촌철살인적인 풍자다. 분할은 시스템을 나누어서 기술적 모순을 해결하는 원리다.

- 독립된 부분으로 나눈다
- 조립식으로 만든다
- 분할 정도를 늘린다

톨게이트, 조각 케이크, 분할된 버티컬, 조각 얼음, 1인분 포장, 짬짜면, 할부 결제, 지역별 일기예보, 짬밥 그릇, 날이 여러 개인 가위, 조립식 주택, 가구 등

2) 분리/추출

이를 치료하기 위해 아픈 치아만 빼서 맡길 수 있다면 얼마나 좋을까? 추출은 해로운 부분이나 반대로 이로운 부분만 추출해서 문제를 해결하는 원리다.

- 해로운 부분이나 속성을 분리한다
- 필요한 부분만 분리한다
- 소음이 심한 부분만 밖에 위치시킨다
- 새를 쫓아내기 위해 새만 들을 수 있는 소리를 낸다

영화 예고편, 에어컨 실외기, 헤드라인 뉴스, 드라마 압축 스페셜, 무설탕 껌

3) 국소품질/지역성

교각 하부 모양이 지나가는 배와 일치하도록 설계되었다. 즉, 전체가 같을 필요는 없다! 국소품질/지역성은 용도에 맞게 특정 부분을 다르게 하여 문제를 해결하는 원리다.

- 동일한 구조의 물체나 환경을 이질적인 구조로 바꾼다
- 물체의 각 부분을 기능 수행에 최적이도록 한다
- 물체의 각 부분이 서로 다른 기능을 수행하게 한다

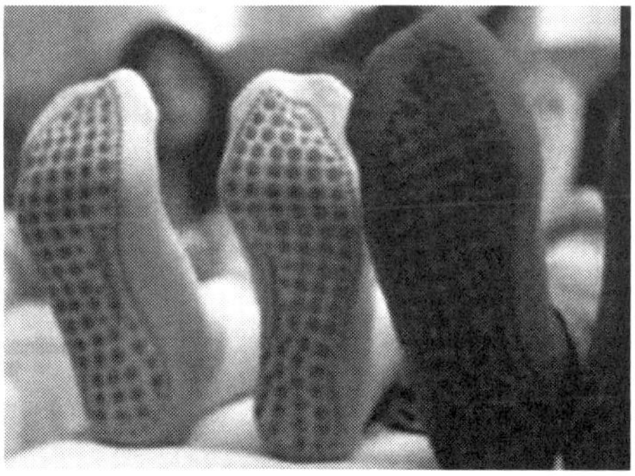

지우개 달린 연필, 손가락 부분을 거칠게 코팅한 목장갑, 경차용 주차구역, 뷔페식당 놀이방, 손잡는 부분에 홈이 있는 그릇

4) 비대칭

좌우측 자동차 바퀴 개수가 다르다. 혁신은 비현실을 먹고 사는가 보다. 자연이 만들었든 사람이 만들었든 주변에 대칭인 게 흔하다. 비대칭은 대칭성을 파괴해서 문제를 해결하는 원리다.

- 대칭 구조에서 비대칭 구조로 바꾼다
- 이미 비대칭이라면 그 정도를 증가시킨다

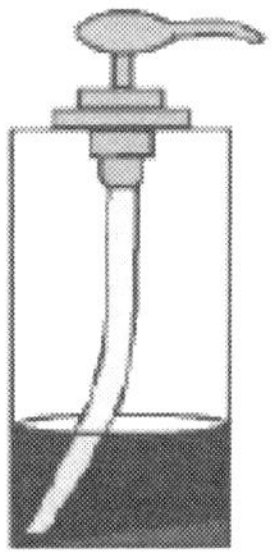

끝이 비대칭인 빨대, 바닥이 경사진 병, 한쪽 모서리가 곡면 형태인 휴대폰, 주둥이 부분의 두께를 다르게 하여 병목현상을 줄인 병, 색이 다른 양말

5) 통합

낚시를 하면서 생선을 굽고 있다. 바쁜 일상에 두 가지 일을 동시에 한다면 효율적이다. 통합은 대상들이나 일련의 작업을 공간적 혹은 시간적으로 결합해서 문제를 해결하는 원리다.

- 대상을 공간적으로 결합한다
- 기능을 시간적으로 결합한다

손가락에 끼워 사용하는 날짜 표시기, 물걸레 청소기, 사이사이에 액체 등 완충제를 넣어 여러 장의 유리 등을 안전하게 이송, 포넌트 오디오, 병렬처리 컴퓨터, 블록을 결합하여 만든 물건, 끝부분에서 물을 분사하는 굴착기, 휴대폰, 쿠션 신발, 북 카페

6) 범용성

넥타이를 바지 단추에 묶어 벨트 용도를 겸하도록 한 우스꽝스러운 그림이다. 범용성은 이렇게 하나의 대상이 여러 가지 기능을 수행하도록 하여 문제를 해결하는 원리다.

- 대상이 여러 기능을 수행할 수 있게 한다
- 하나의 부품을 여러 가지 용도로 사용한다

커버를 손잡이로 사용하는 여행용 칫솔, 혈액검사, 복합기, 라디오 기능이 있는 선글라스, 오토매틱 시계, 침대 겸 소파

7) 포개기

나팔을 포개어 뒷사람이 아주 힘들어 하고 있는 익살스러운 그림이다. 포개기는 대상을 다른 대상에 포개 넣어 문제를 해결하는 원리다.

- 물체를 다른 물체 속에 넣는다.
- 구멍에 끼워 넣는다.

낚싯대, 줌 렌즈, 안전벨트, 비행기 착륙 바퀴, 마트에서 카드 보관, 종이컵, 사다리차, 러시아 인형, 지시봉, 여닫이 칠판, 전통 부채

8) 평형추/공중부양

풍선의 힘으로 앞바퀴 없이 차가 주행할 수 있다면 얼마나 좋을까? 평형추/공중부양은 중력을 거스르는 힘을 사용하여 문제를 해결하는 원리다.

- 들어 올리는 힘을 가진 물체를 사용한다.
- 부력, 양력, 자력 등을 이용한다.
- 거품이 나는 물체를 활용한다.

잠수함, 비행선, 플랜카드, 속을 비워 손잡이가 위로 뜨는 붓, 중화, 상쇄, 평형추, 자석의 힘으로 공중에서 돌아가는 물체

9) 사전 예방조치

나팔을 불어 몸에서 공기가 빠져나갈 것에 대비해서 반대로 미리 공기를 집어넣는 다소 어이없는 그림이다. 사전 예방조치는 일어날 일에 대비하기 위해 미리 반대 조치를 취해 문제를 해결하는 원리다.

- 미리 반대되는 조치를 행한다.
- 눌릴 부분을 미리 부풀려 놓는다.
- 열이 나서 문제가 되면 미리 냉각시키고, 튀어 올라서 문제가 되면 미리 눌러 놓고, 식어서 문제가 되면 미리 데워 놓는다.

예방접종, 바구니 무게를 빼기 위해 저울의 눈금을 반대로 이동, 기차선로, 오이 등이 곧게 자라도록 (성장 방향을 제한하는) 틀 사용, 초밥을 말기 전에 손을 얼음물에 담가 차게 하기, 발에 모래주머니 차기, 페인트 칠을 하지 않을 곳을 미리 테이프로 싸기.

10) 사전 준비조치

물고기를 모으기 위해 미끼를 미리 뿌려놓는 그림이 아니고, 잡아서 구워먹으려고 소금을 미리 뿌리는 그림이다. 사전 준비조치는 어차피 해야 할 일을 미리 해놓아 문제를 해결하는 원리다.

- 물체가 겪게 될 변화를 미리 겪게 한다.
- 이동시간의 낭비 없이 물체를 바로 사용할 수 있도록 편리한 위치에 배열한다.

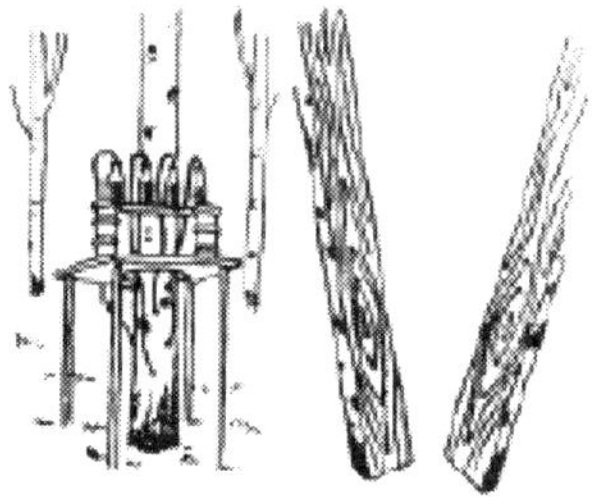

캔 맥주 따개의 홈, 우표, 미리 홈을 파놓은 칼날, 풀칠된 벽지/봉투, 과자나 라면 봉지의 절단용 홈, 유인물 사전 배포

11) 사전 보호조치

바닥에 부딪혀 다치는 경우를 대비해 미리 물을 준비한 그림으로 어이없어 보이지만 미리 안전장치를 마련한다는 개념을 잘 나타낸다. 사전 보호조치는 예상되는 부작용이나 해로운 일에 대비해 미리 조치를 취해 문제를 해결하는 원리다.

- 신뢰성이 낮은 물체에 대해서 미리 비상수단을 준비해 둔다.

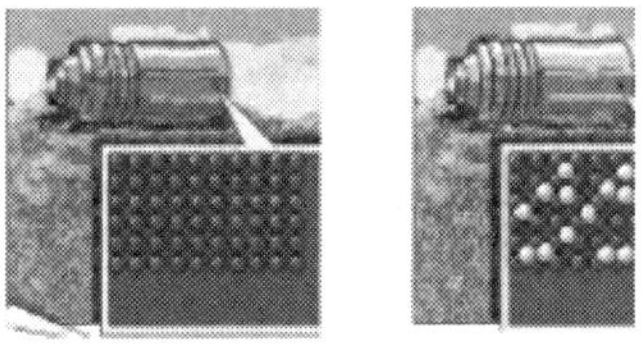

에어백, 안전벨트, 예비 낙하산, 도난 방지 태그, 보험, 버스 손잡이, 구명보트

12) 높이 맞추기

한 사람이 동그란 물체를 낑낑거리며 들고 가는데, 뒷사람은 편하게 굴리고 있다. 높이 맞추기는 굴리기, 돌리기, 땅 파기, 흙 쌓기 등의 방법으로 들어올리기를 대체하여 문제를 해결하는 원리다.

- 대상을 들어 올리거나 내릴 필요가 없게 작동조건을 바꾼다.

파나마 운하, 자동차 바닥 정비용 홈, 어린이 눈높이 대화

13) 역발상, 거꾸로 하기, 반전

사람을 뒤집어서 상이 제대로 맺히게 하는 그림이다. 벽발상은 대상이나 절차, 개념을 거꾸로 해서 문제를 해결하는 원리다.

- 문제를 해결하기 위해서 반대의 조치를 취한다.
- 움직이는 부분을 고정하거나 반대로 고정된 부분을 움직이게 한다.
- 물체나 공정을 거꾸로 뒤집는다.
- 딱딱한 부분은 무르게, 바깥쪽을 가열하는 대신 안쪽을 얼린다.
- 공구대신에 부품을 회전시킨다.

러닝머신, 물이 흐르는 작은 수영장, 위에서 가열, 미운사람 떡 하나 더주기

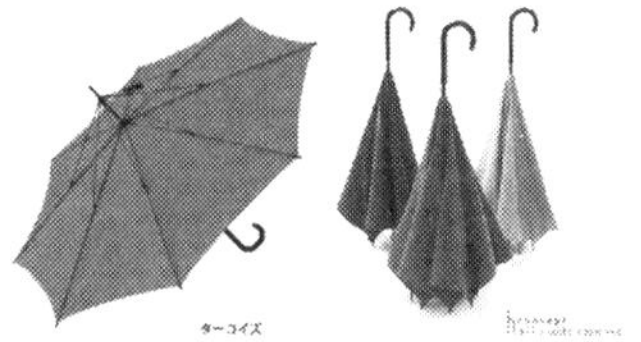

14) 곡선화

반려 견의 배가 처질 것을 염려해 허리에 바퀴를 달아 주었다. 곡선화는 직선을 곡선으로 바꾸거나 타원형을 수단으로 문제를 해결하는 원리다.

- 직선을 곡선으로, 평면을 곡면으로, 입체를 구체로 바꾼다.
- 롤러, 볼, 나선형을 이용한다.
- 직선운동을 회전운동으로 바꾸고, 원심력을 활용한다.

돔, 볼펜, 볼 마우스, 돌려 말하기

15) 역동성, 유연성

바퀴를 제거하고 로켓과 같은 추진력으로 구동되는 자전거가 나오는데, 핵심은 결승선을 통과하는 순간 바퀴 하나를 제거하여 자유도를 증가시킨다는 점이다. 역동성/유연성은 고정된 부분을 움직이게 하는 등 자유도를 증가시켜 유연하게 하여 문제를 해결하는 원리다.

- 대상을 나누어 상대적으로 움직이게 한다.
- 움직이지 못하는 것을 움직이게 한다.
- 유연하지 않다면 유연하게 한다.

조정 가능한 핸들(좌석, 등받이, 사이드 미러), 관절이 있는 모든 물체, 접이식 침대 등, 구부러진 빨대, 다관절 물체, 로봇

16) 부족 혹은 초과

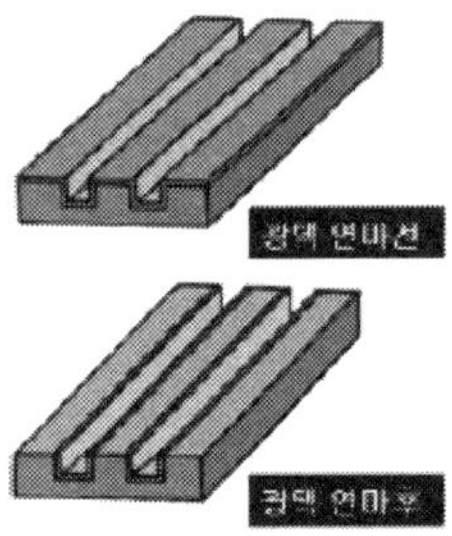

스포츠 중계 시청 중 화면이 먹통이 되자 아쉬운 대로 그림을 붙여 시청하고 있다. 부족하지만 영상을 즐기는 한 가지 방법이다. 과부족은 과하게하거나 부족한 상황으로 문제를 해결하는 원리다.

- 목표를 100% 달성할 수 없다면, 조금 덜 또는 조금 더한다.
- 페인트칠 할 때 과도하게 뿌린 다음에 초과된 부분만 제거한다.

포스트 잇, 물고기 알, 소독, 영상 압축, 염색, 힌트, 리허설, 반대쪽으로도 휘는 사이드미러

17) 차원 변화

오토바이를 여럿이서 수평으로 타는 대신 한 대에 수직으로 타고 이동하는 그림이다. 차원 변화는 다른 차원을 도입해서 문제를 해결하는 원리다.

- 2차원 혹은 3차원 공간으로 옮긴다.
- 다층 배열을 이용한다.
- 물체를 기울이거나 방향을 전환한다
- 주어진 영역의 반대쪽을 이용한다.

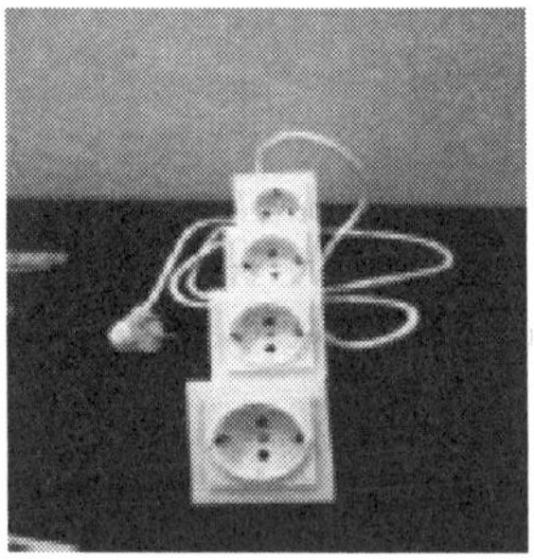

수평/수직 쌓기, 천장부착 에어컨, 덤프트럭, 위로 여문 자동차 도어,

18) 진동

주기적 진동을 이용해서 평행한 선을 그리고 있다. 진동은 주기적 진동을 이용해서 문제를 해결하는 원리다.

- 물체를 진동시킨다.
- 진동수를 증가시킨다.
- 초음파 진동을 이용한다.

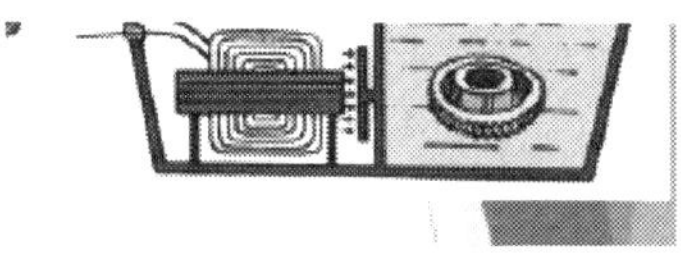

스피커, 초음파 세척, 진동 칫솔, 진동 안마기, 렌즈 청소, 시계, 유압 해머, 진동을 이용한 결정 분리

19) 주기적 조치

동일한 보폭으로 달리는 대신, 주기를 늘려 껑충 뛰어가는 그림이다. 주기적 조치는 연속적인 것을 주기적으로 바꾸어 문제를 해결하는 원리다.
주기적인 조처를 취한다.

- 이미 주기적이라면 주기의 정도를 바꾼다.
- 펄스 사이에 휴지기간을 사용한다.
- 반복해서 두드린다.
- 연속적인 사이렌을 주기적 사이렌으로 바꾼다.

심폐 소생술, 대화중 일시 정지, 스프린클러, 주기적으로 연기를 내보내는 굴뚝

20) 유익한 작용의 지속

앞뒤로 움직이지 않고 회전에 의해 지속적으로 커피를 분쇄하고, 다림질이 멈춤 없이 이루어지는 그림이다. 유용한 작업이 멈추지 않고 지속될 수록해서 문제를 해결 또는 개선하는 원리다.

- 모든 부분이 항상 작동하게 한다.
- 유휴 또는 단속 작업을 제거한다.

원형 톱, 좌우로 인쇄하는 프린터, 24시간 편의점, 레미콘, 회전문, 플라이 휠, 프린터 용지의 연속 공급

21) 고속처리, 신속한 통과

빛의 속도로 나무를 통과했음을 나타내는 상징적인 그림이다. 고속처리는 해롭거나 위험한 일을 고속으로 처리해서 문제를 해결하는 원리다.

- 유해하거나 위험한 공정을 빠르게 수행한다.
- 빠른 처리로 열에 의한 부작용을 피한다.

제모 테이프, 주사, 보관용 감자표면 살균.

22) 해로움을 이로움으로

호통에 수반되는 벼락을 피뢰침으로 수집해서 충전하는 그림이다. 해로운 것을 활용해서 이로운 것으로 바꿔 문제를 해결하는 원리다.

- 해로운 요인을 유용하게 사용한다.
- 다른 유해한 요소를 추가해서 유해한 요소를 제거한다.
- 유해한 요인이 더 이상 유해하지 않을 때까지 오히려 강화한다.

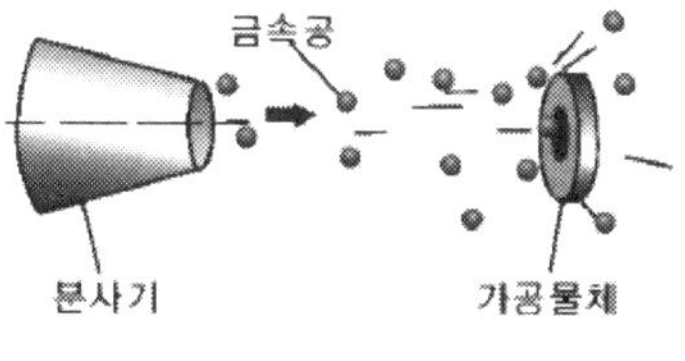

맞불, 예방주사, 해커 고용, 퇴비, 엔진의 열을 서리 제거에 활용

23) 피드백

말을 지나치게 많이 한 결과가 스스로 말을 멈추게 작용함을 나타내는 살벌한 그림이다. 피드백은 결과가 작용해서 그 결과를 제어하여 문제를 해결하는 원리다.

• 피드백을 도입한다.

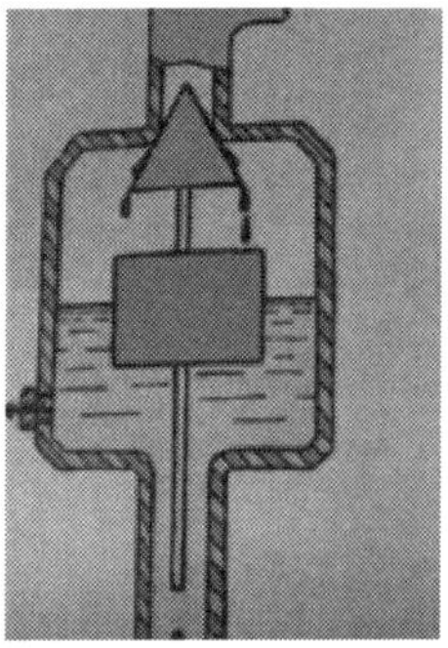

가감속기, 수동식 변기 물통, 설문조사, 사용 후기

24) 매개체

사랑을 직접 전하지 않고 큐피트를 매개체로 하려는데, 사람 잡게 생겼다. 매개체는 서로를 이어주는 중간 매개체를 사용해서 문제를 해결하는 원리다.

• 중간 매개체 혹은 중간 공정을 사용한다.

• 쉽게 제거할 수 있는 물체를 임시로 결합한다.

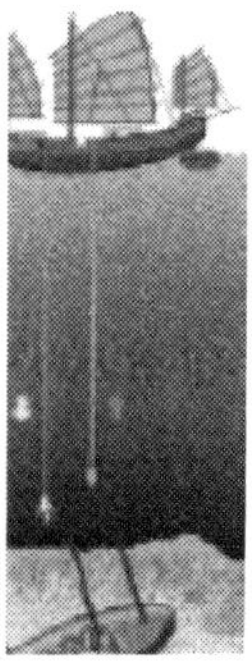

촉매, 문어잡이 항아리, 얼음용기, 미끼, 중매쟁이, 중개업, 장갑, 용기 받침

25) 셀프서비스

자신의 엉덩이에 채찍을 가하고 있는 그림이다. 셀프서비스는 저절로 또는 스스로 상태가 개선되게 하여 문제를 해결하는 원리다.

- 보조기능을 이용해서 물체가 자신에게 서비스하도록 한다.
- 쓰레기 자원, 에너지를 이용한다.

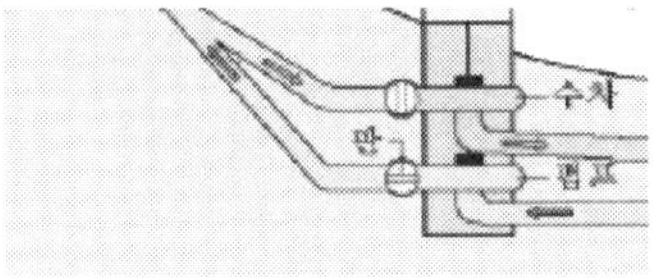

증발 물질이 다시 부착되는 할로겐램프, 엔진의 열을 이용한 난방, 자동 장전 총, 오토매틱 시계, 셀프주유소, 자동카메라, 교통카드 시스템

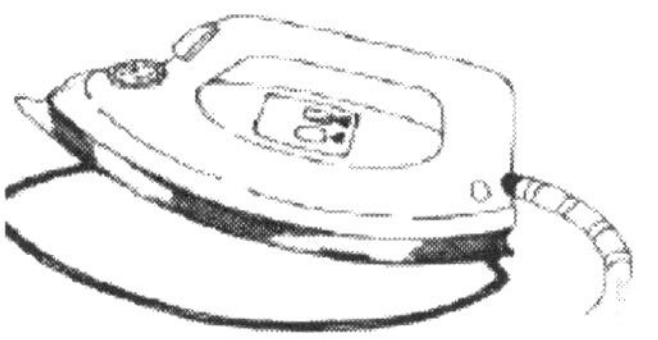

26) 복제/복사

빗자루 등으로 조잡하게 만든 비행기를 이용해 조종술을 익히는 그림이다. 어이없는 과장된 비유로 복제 혹은 대체의 원리를 보여주는데 이 그림 자첵가 대체다. 복제/복사는 복잡하거나 비싸거나 약하거나 불편한 것 대신 단순한 대용품을 사용해 문제를 해결하는 원리다.

- 비싸고, 깨지기 쉽고, 이용하기 어려운 물체 대신에 간단하고 값싼 복제품을 이용한다.
- 대상을 광학적 이미지로 대체한다.

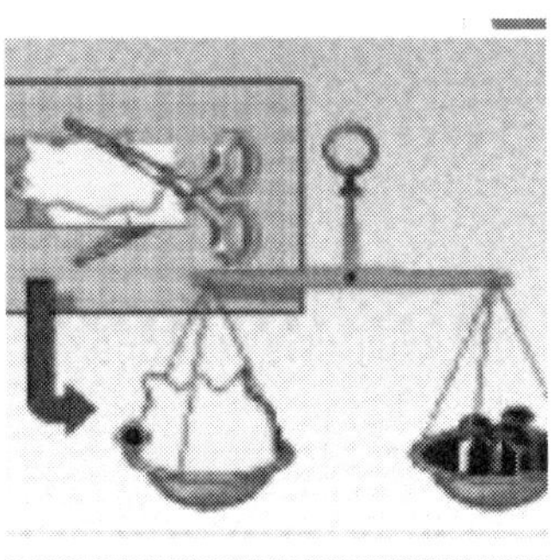

열 감지기, 가상현실, 회의 녹음 청취, 위성사진으로 대체, 과속방지턱 그림, 욕조 바닥의 바나나 껍질 그림

27) 일회용품

종이배를 타고 여유를 누리고 있다. 떠날 때 버리면 그만이다. 값비싼 대상을 값싼 것으로 대체하는 대신 수명을 포기하여 문제를 해결하는 원리다.

- 비싸고 수명이 긴 물체를 값싸고 수명이 짧은 또는 일회용으로 만든다.

일회용 마스크, 종이컵, 종이옷, 카메라, 휴대폰, 일회용 기저귀 등 모든 일회용품

28) 기계식 시스템을 대체

물리적인 힘을 가하는 대신 피리를 불어 호스를 제어하는 그림이다. 그럴 수만 있다면 오죽이나 좋을까. 물리적 기계 장치를 다른 수단으로 대체해 문제를 해결하는 원리다.

- 기계적으로 처리하던 방법을 빛, 소리, 냄새, 열을 이용하여 대체한다.
- 물체와 작용하는 전기, 자기, 전자기장을 이용한다.
- 자석을 사용한다.

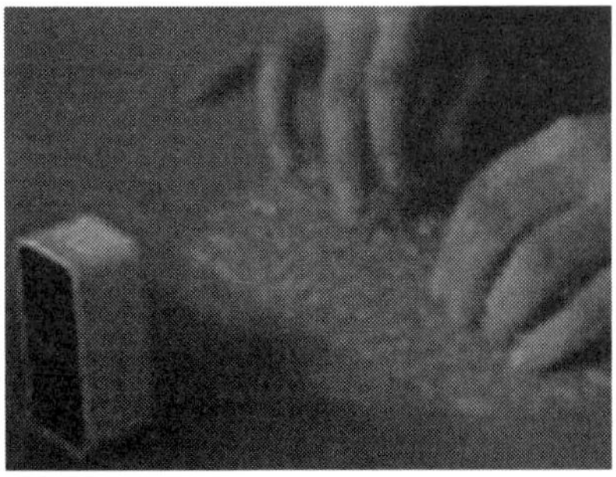

빛 투영 키보드, 음향 울타리, 자기 부상 열차, 초음파 진동기

29) 공기압 및 수압

공기를 불어넣어 크기를 부풀리고 있다. 공기압 및 수압은 물체의 고체 부분을 기체나 액체로 바꾸거나 유연하게해서 문제를 해결하는 원리다.

• 고체 대신에 기체나 액체를 이용한다.

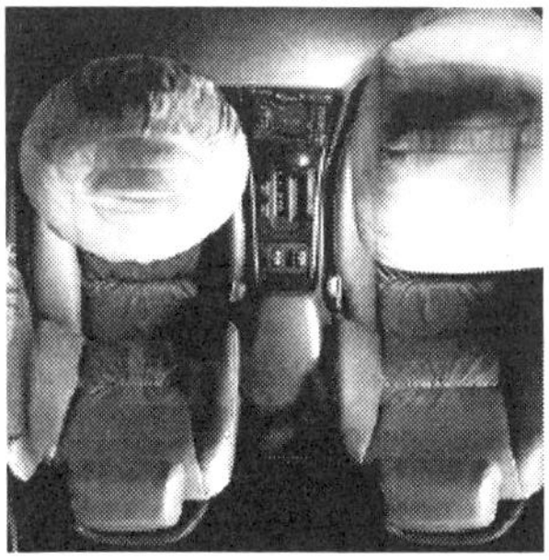

에어백을 포함한 모든 쿠션 제품, 물침대, 튜브, 빵빵한 과자포장, 포장용 에어 캡, 에어 운동화, 물 먹인 육류, 수압 절단, 공기압 클리너

30) 얇은 막

비눗방울로 헤드기어를 대신하는 그림으로 얇은 막을 강조하기 위한 익살이다. 대상을 유연한 막이나 얇은 필름으로 바꾸거나, 필름 등을 사용하여 외부 환경과 격리시켜 문제를 해결하는 원리다.

• 유연한 쉘이나 얇은 필름을 이용한다.

코팅, 코팅된 백열전구, 음식 등을 랩으로 포장, 뿌리는 먼지 제거기, 뿌리는 콜라겐

31) 다공성 소재

전구에 구멍을 뚫어 빛이 빠져나가 더 밝은 전구를 발명했다고 주장하는 그림이다. 어이없는 설정으로 구멍을 뚫어 문제를 해결한다는 핵심을 강조하고 있다. 다공성은 많은 구멍으로 문제를 해결하는 원리다.

- 대상에 구멍을 내거나 다공성 요소를 추가한다.
- 구멍이 있다면 개수를 늘린다.

공간이 많은 해상 구조물, 찢어진 청, 구멍 난 벽돌, 현수막에 구멍 내기

32) 색상변화

투명인간이 옆에서 담배를 피우고 있다. 먹물을 뿌리면 어떨까? 색상변화는 대상의 광학적 성질을 이용하거나 변화시켜 색상이나 투명한 정도를 바꾸어 문제를 해결하는 원리다.

- 대상이나 외부 환경의 색을 바꾼다.
- 투명한 정도를 변화시키거나 반대로 한다.
- 색상을 입힌다.

사진 현상, 투명 봉대, 투명 가구, 사람이 지나가면 내부가 보이는 가구나 가전제품, 넓은 의미에서 유색의 모든 물체

33) 동질성

눈사람이 아이스크림을 판매하고 있다. 유사하거나 동일한 재료나 부품을 사용하거나, 내부와 외부를 동질로 하여 문제를 해결하는 원리다.

- 동일한 재료 혹은 동일한 특성을 갖는 물체와 상호작용하는 물체를 만든다.
- 용기와 내용물이 반응하지 못하게 같은 재료의 용기를 사용한다.

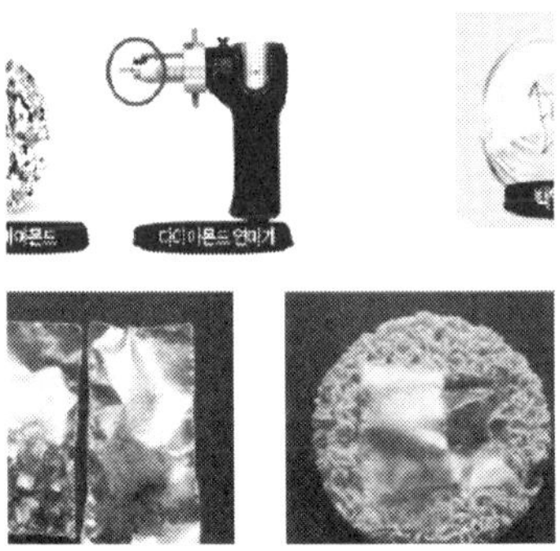

다이아몬드 연마기, 백열전구 안팎의 압력을 같게 하기, 봉지 째 넣는 조미료나 라면 스프

34) 폐기 또는 재활용

사람 뒤통수나 얼굴을 보아선 무슨 의미인지 알기 어렵다. 핵심은 휴지통으로 들어가는 더 이상 쓸모없어진 빗이다. 폐기나 복구는 버리거나 반대로 버려진 것을 다시 사용해서 문제를 해결하는 원리다.

- 기능을 수행하면 저절로 소멸되게 한다.
- 모든 재활용

녹는 알약 캡슐, 얼음 구조물, 얼음 흉기, 폐타이어 바닥재, 버려진 옷걸이로 만든 신발 정리대, 추진 로켓 등 모든 재활용

35) 속성 변화

액체가 기체로 변하는 상징을 내포한 그림이다. 속성 변화는 대상이나 물질의 속성을 다르게 해서 문제를 해결하는 원리다.

- 물리적 상태(고체, 액체, 기체)를 변화시킨다.
- 농도를 변화시킨다.
- 유연성을 변화시킨다.
- 온도를 변화시킨다.

산소, 질소 등을 수송할 때 부피를 줄이기 위해서 액체 상태로 운반, 액체비누, 수냉식 냉각기, 크기 조절이 용이한 유연한 스패너

36) 상전이

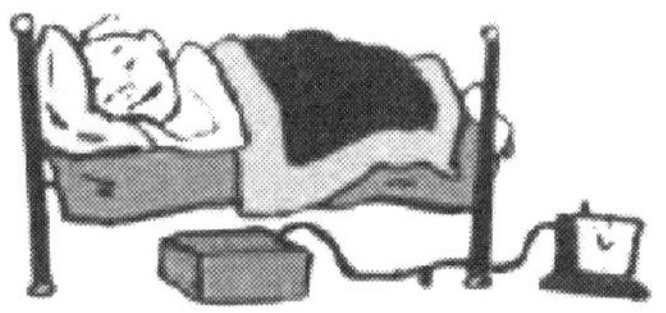

꽝! 고체가 기체로 변하는 순간 영원히 잠들 수 있다. 상전이는 상태 변화와 관련한 현상을 이용해 문제를 해결하는 원리다.

- 상태 전이에 따른 변화를 이용한다. (부피변화, 열손실 또는 흡수)
- 물이 얼면 부피가 팽창하는 현상을 응용한다.
- 기화열과 응고열을 이용한다.

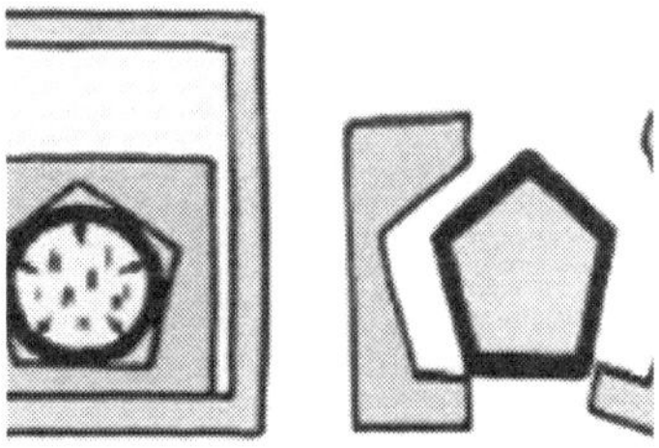

원통에 물을 넣고 얼려 부피변화에 의해 특별한 모양 생성, 아이스 팩.

37) 열팽창

승차 전에 냉장고에 들어갔다 나오는 그림이다. 부피를 줄여 효율을 높이겠다는 생각인데, 하차 후 난로 옆을 지나는 그림이 함께 나왔어야 한다. 열팽창은 재료의 팽창 또는 수축을 이용하거나, 서로 다른 재질의 열팽창계수 차이를 이용해서 문제를 해결하는 원리다.

- 열팽창 성질을 이용한다.
- 열팽창이 사용되고 있다면 다른 열팽창 계수를 갖는 물질을 더 사용한다.
- 부품을 단단하게 조립하기 위해서 안에 들어갈 부분은 냉각시키고, 바깥 부분은 가열하여 조립한다.

포개진 쇠그릇 분리, 자동차의 리프스프링, 바이메탈

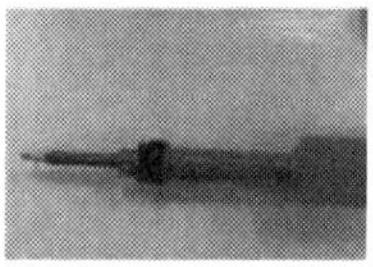

38) 산화제의 이용

산소를 많이 사용하는 상황에서 부족한 산소를 보충하는 그림이다. 산화제 이용은 산소나 적당한 물질, 주변 환경을 이용하여 반응을 가속, 완결시키는 원리이다. 산소를 사용하는 것처럼 분위기 등의 활성화를 포함한다.

- 산소를 더 공급한다.
- 공기나 산소를 이온화한다.
- 이온화 가스로 화학반응 속도를 높인다.

이온 음료, 산소를 피부에 양보, 잠수용 산소통, 산소-아세틸렌 토치, 고압산소 병동, 공기청정기, 오존 치료기, 팀 분위기 활성화

39) 불활성

맥주에 물을 타는 모습으로 물을 뿌려 불을 끄는 모습과 물 타기를 교묘하게 합성한 그림이다. 불활성은 현재 상태를 불활성으로 바꾸거나 추가하여 반응속도나 물질의 농도를 저하시켜 문제를 해결하는 원리다.

- 환경을 불활성 상태로 만든다.
- 공정을 진공상태에서 진행한다.
- 중성 물질이나 첨가제를 넣는다.
- 밀봉한다.

진공포장, 열대과일 질소 포장, 아르곤 기체를 이용하여 뜨거운 금속 필라멘트의 파손 막기, 불활성가스로 처리, 분위기 죽이는 행동, 정치인들의 물 타기 행태, 안식년, 휴식, 냉각기

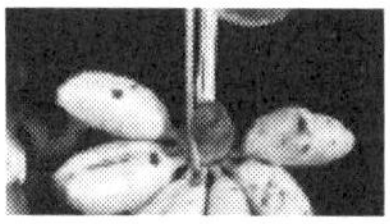

40) 복합재료

수직방향을 지탱하는 침과 그것을 유지하는 수평방향의 천으로 된 매트리스가 층층이 쌓여있다는 게 핵심이다. 복합재료는 이질적인 재료를 주로 층층이 쌓아 문제를 해결하는 원리다.
이질적인 재료를 섞어 사용한다.
층으로 쌓는다.

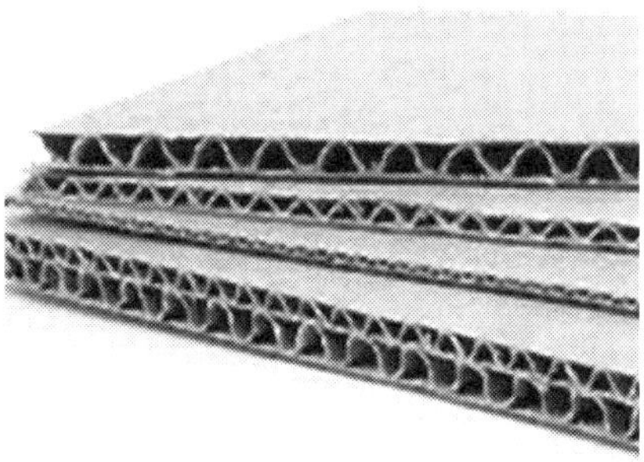

비행기 동체, 타이어, 자동차 휠(이질적 인 재료를 섞어 만든 견고하면서 탄력적인 신소재), 합판(나무 조각들이 수평, 수직으로 섞여 여러 방향으로 단단한 성질을 띔), 종이 합판, 비빔밥

08. 기능분석과 원인분석

모든 시스템은 정해진 기능을 수행하기 위해 존재한다. 트리즈 전문가 집단에서 이구동성으로 하는 말이다. 맞는 말이다. 사실 모든 존재는 무엇을 한다. 그 무엇을 기능이라 한다. 해결할 문제를 가진 시스템이 있다고 가정하자. 그 문제는 시스템의 기능과 밀접하게 관계된다. 이러한 배경에서 트리즈는 그 문제 시스템의 기능에 주목한다.

기능과 기능분석도

트리즈에서 기능은 다음 그림과 같이 도구-대상 짝을 전제로 한다.

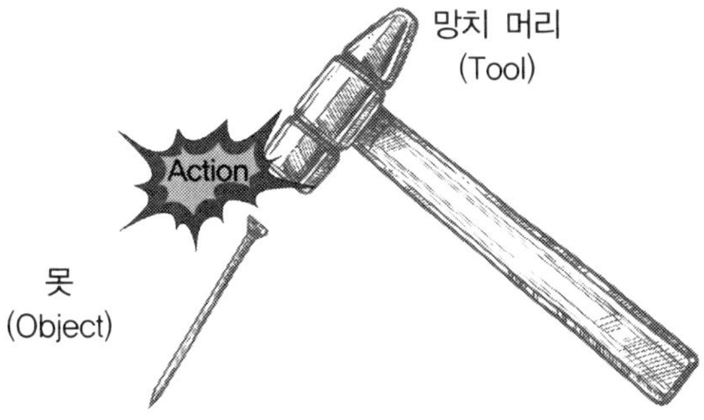

Object : 못
Tool : 망치(머리 부분)

기능분석(function analysis)은 시스템의 기능에 근거해서 모순을 찾아내자는 것이다. 모든 시스템은 기능을 수행하는데, 그 시스템은 또한 많은 기능을 수행하는 요소 즉, 부분 시스템으로 구성되어있다. 따라서 시스템의 모순은 해당 시스템의 기능을 세부적으로 분석해서 찾아낼 수 있겠다는 생각이다.

먼저 기능에 대해 생각해보자! 다음 도구 혹은 시스템의 기능은 무엇일까?

자동차의 기능은?	스크루의 기능은?
헤어드라이어의 기능은?	렌즈의 기능은?
의자의 기능은?	안전모의 기능은?
컵의 기능은?	자동차 앞 유리의 기능은?
칫솔의 기능은?	시계의 기능은?
안경의 기능은?	와이퍼의 기능은?
안전모의 기능은?	선풍기의 기능은?
다이아반지의 기능은?	선풍기 날개의 기능은?
신호등의 기능은?	전구의 기능은?
프로펠러의 기능은?	줄넘기의 기능은?

트리즈 전문가들이 즐겨 사용하는 것으로 기능의 의미를 잘 나타내는 사례가 있다.

1970년 무렵 소련은 달 탐사 무인 우주선을 발사했다. 칠흑 같이 어두운 달 표면을 탐색하기 위하여 달착륙선에 전구를 부착하였다. 당시 전구는 착륙선이 달 표면에 닿는 순간의 충격을 견디지 못했다. 탱크에 사용되는 강력한 전구도 소용이 없었다. 자 이 문제를 어떻게 해결해야하나?

전구에서 유리의 기능에 주목하면 전혀 뜻밖의 해결책을 찾을 수 있다.

읽기를 멈추고 … 잠시 생각 후!

그렇다.

전구 유리는 필라멘트를 산소와 차단하여 필라멘트가 불타버리는 것을 막는 기능을 한다. 즉, 공기를 차단하는 것이 전구 유리의 기능이다. 알다시피 달 표면은 진공에 가깝다.

다시 읽기를 멈추고 … 잠시 생각 후!

달착륙선을 위한 전구는 유리가 필요 없다. 유리가 없으면 깨질 걱정이 없다.

(자원을 활용한 것이기도 하다.)

전구라는 시스템에서 각 구성요소의 기능을 정확하게 이해한 결과로 공짜 해결책을 찾을 수 있게 된 것이다.

다른 측면으로 전구의 유리는 공기를 차단하기 위해서는 있어야하면서 깨지지 않기 위해서는 없어야하는 모순적 존재다. 여기서는 기능분석을 다루는 것이므로 그러한 측면은 더 이상 설명하지 않겠다.

옛 소련의 달 탐사에 대한 이야기가 나온 김에 재미있는 이야기를 하나 알아보자. 잘 알다시피 달 탐사는 소련이 앞서나갔다. 이에 자극을 받은 미국이 교육을 혁신하고 엄청난 투자를 통해 결과적으로는 달에 먼저 발을 딛는다. 그 과정에 미국은 무중력 상태인 우주에서 사용 할 우주 펜(space pen)을 백만 달러라는 막대한 돈을 들여 개발한다. 무중력 상태에서는 볼펜이나 만년필이 잘 써지지 않아서란다. 반면에 소련은 아주 간단하게 이 문제를 해결했단다. 그들은 연필을 사용했다. 물론 지어낸 이야기로 받아들여진다. 우주 펜은 미국의 피셔가 북극과 같이 열악한 환경에서도 사용할 수 있는 펜을 독자적으로 개발한 것이고 미 정부가 나중에 달 탐사 우주인에게 제공한 것이다. 그러나 이 이야기는 트리즈가 추구하는 것을 잘 나타내는 사례이기도하다.

자 이제 기능에 대한 트리즈 이론을 알아보자.

기능은 도구가 대상에 기능하여 결과를 생성한다는 것이다. 언어 문법으로 주어(도구)가 목적어(대상)에 작용(기능)한다는 것이다.

- 망치는 못을 때린다.
- 의자는 물체를 지지한다.
- 컵은 물을 담고 있다.
- 안경은 빛을 굴절한다.
- 드라이기는 (머리를 말리는 것이 아니라) 바람을 내보낸다.
- 안전모는 (머리를 보호하는 것이 아니라) 외부 물질을 견뎌낸다.

기능에는 유익한 것과 해로운 것 2가지가 있다. 유익한 기능은 도구가 대상의 특성을 의도한 대로 변화시키는 경우로 보통 방향이 있는 실선으로 나타낸다. 해로운 기능은 도구가 대상의 특성에 해를 가하는 것으로 보통 방향이 있는 점선(물결선, 색이 다른 선)으로 나타낸다.

유익한 기능 대상의 특성을 의도한 방향으로 변화시키는 기능

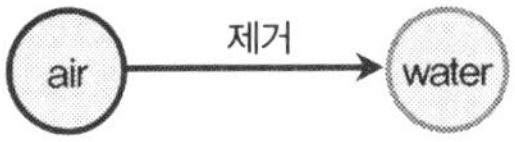

해로운 기능 대상의 특성을 유해한 방향으로 변화시키는 기능

시스템과 그 시스템이 작용하는 대상 그리고 시스템을 구성하는 요소들 사이의 상호작용을 그림으로 나타낸 게 기능분석도다.

기능분석도에서 대상 시스템의 구성요소는 사각형, 대상 시스템 외부요소는 육각형으로 나타낸다. 예를 들어 손잡이는 줄넘기의 구성요소이므로 사각형이고 사람은 외부물질이므로 육각형으로 그려졌다.

다음은 줄넘기의 기능분석도다.

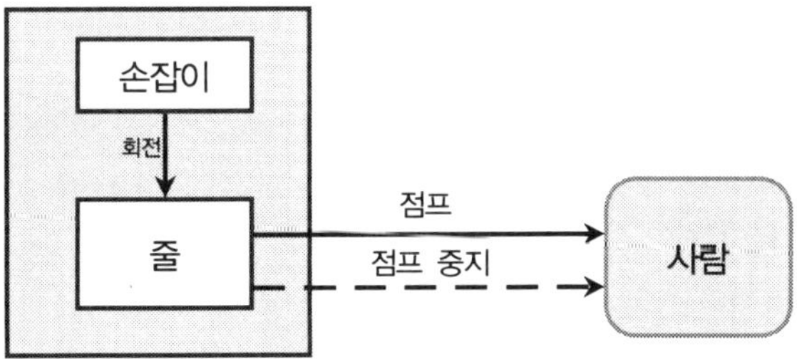

트리밍에 의한 문제 해결

트리밍(trimming)은 트리즈 문제 해결 단계 측면에서 문제 분석 후 곧바로 해결책을 찾는 독특한 방법이다. 앞에서 살펴보았듯이 트리즈 방법론은 모순을 찾아내는 문제 분석 단계와

40가지 발명 원리나 분리 원리를 적용해 문제를 해결하는 단계가 구분된다. 트리밍은 모순에 대한 고려 없이 기능분석 시점에 곧바로 해결을 시도하는 것이다. 즉, 40가지 발명원리나 시간, 공간, 조건 분리 등 다양한 분리 원리를 적용할 필요 없이 즉각적으로 시스템을 개선하고자 할 때 사용하는 방법론이다. 따라서 다른 발명원리를 적용하지 않고도 매우 혁신적인 아이디어를 생성할 수 있는 간단하면서도 효과적인 문제해결 방법이다.

트리밍은 기능분석이 끝나면 다음과 같은 트리밍 규칙을 적용해서 시스템을 개선하는 방법이다.

트리밍 규칙

규칙1 : 유익한 기능을 받는 대상을 시스템에서 제거할 수 있다면 그 기능을 수행하는 도구도 제거할 수 있다.

규칙2 : 유익한 기능을 받는 대상이 스스로 그 기능을 할 수 있다면 그 기능을 수행하는 도구는 제거할 수 있다.

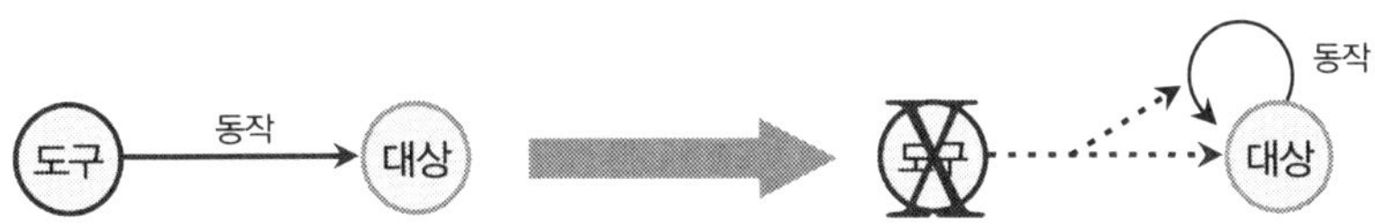

규칙3 : 다른 요소가 유익한 기능을 대신할 수 있다면 그 기능을 수행하는 도구는 제거할 수 있다.

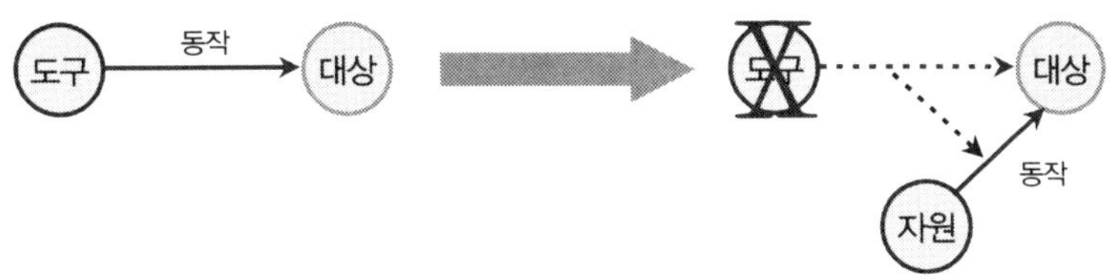

필터가 없는 진공청소기, 날개 없는 선풍기 등은 모두 트리즈의 트리밍 사고법이 적용된 사례다. 필터가 없는 진공청소기는 필터를 트리밍 즉, 없애는 대신 필터의 기능을 원심분리

기 원리로 대체한 것이고, 날개 없는 선풍기는 날개를 트리밍 한 대신 베르누이의 원리를 적용하여 바람을 일으키는 기능을 대신하게 한 것이다. 모두 규칙3을 적용한 경우다. 앞에서 소개한 달착륙선은 규칙2를 적용해서 문제를 해결한 경우이다. 모든 도구는 일정한 기능을 하고, 기계 시스템은 이러한 도구들의 집합체이므로 시스템을 구성하는 구성 요소의 기능을 세밀하게 분석하고 그것들이 시스템에 어떤 자용이나 부작용을 하는지를 체계적으로 파악한다면 이상적으로 기능을 대체하는 혁신을 유도할 수 있을 것이다.

트리밍을 적용한 사례를 조금 더 상세하게 알아보자.

다음은 냉장고의 홈 바에 대한 기능분석결과다.

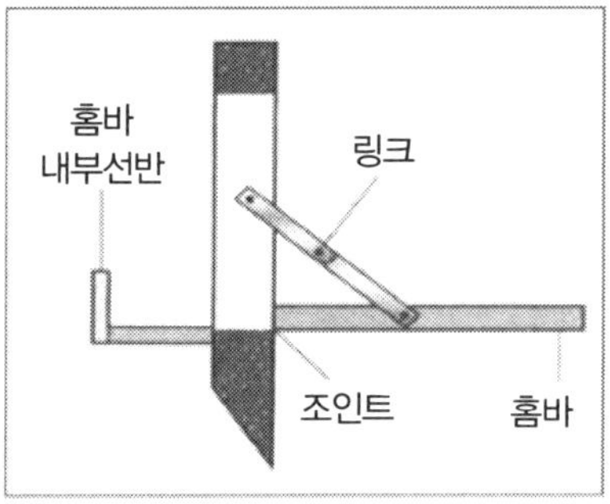

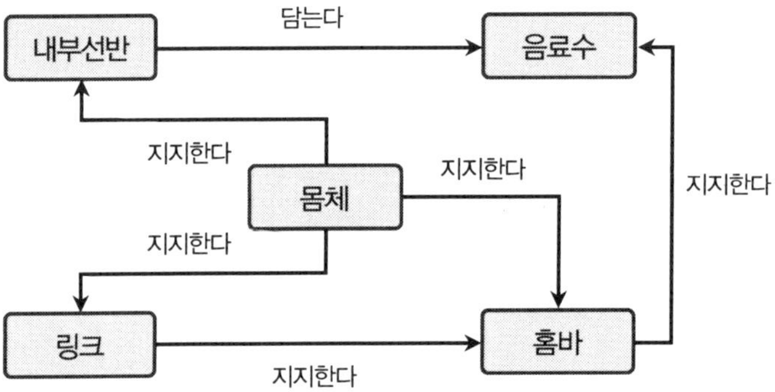

트리밍 규칙 B.를 적용하여 링크를 제거하고 홈 바가 스스로를 지지하도록 개선한 실제 실제사례다.

사실 이 문제는 특허분야에서 다룰 회피 설계와 관계된다. 이 문제의 핵심은 홈 바를 구현하되 특허 분쟁을 피하기 위해 다른 방식으로 구현할 필요에서 출발한 것이다. 그러한 사례를 기능분석에 대응하면 홈 바 시스템의 기능을 분석하고 각 기능을 갖는 구성요소들이 어떻게 상호 작용하는지를 파악하는 일 즉 기능분석을 먼저 해야 할 것이다. 그리고 트리밍을 적용하여 시스템 내에서 그 기능을 대체할 요소 즉 공짜 자원을 찾을 수만 있다면 멋진 아이디어를 생성할 수 있음을 알 수 있다.

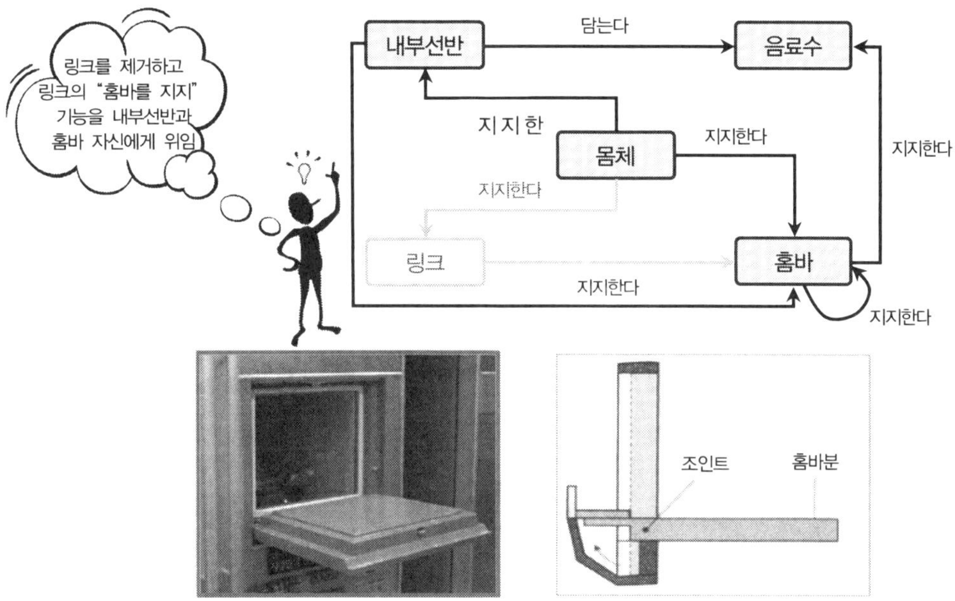

기능분석에 의한 모순 찾기

기능분석은 모순을 찾기 위함이다. 트리밍으로 해결책을 찾을 수 없다면 (혹은 만족하지 못한다면) 모순을 찾아내야한다.

기능분석에서 모순은 다음과 같이 5가지 유형으로 나타난다.

유형1 : 도구가 대상에 유익한 기능과 해로운 기능을 동시에 가한다. 예를 들어 칫솔모는 이를 청결하게 하는 동시에 손상시킨다.

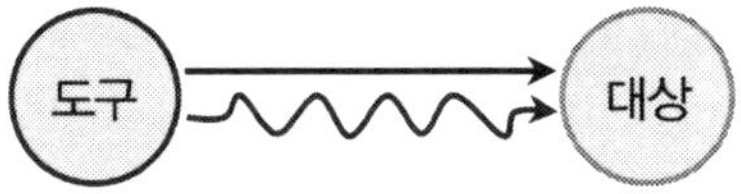

유형2 : 도구가 대상에 유익한 기능을 가하는 동시에 대상은 도구에 해로운 기능을 가한다. 예를 들어 칫솔모는 이를 청결하게 하는 동시에 이는 칫솔모를 손상시킨다.

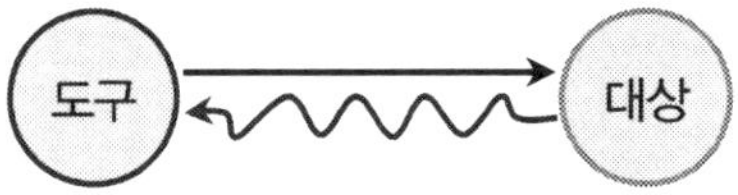

유형3 : 도구가 대상에 유익한 기능을 가하는 동시에 도구 자체에 해로운 기능을 가한다. 예를 들어 가위의 날은 종이를 자르는 동시에 날끼리 부딪혀 손상된다.

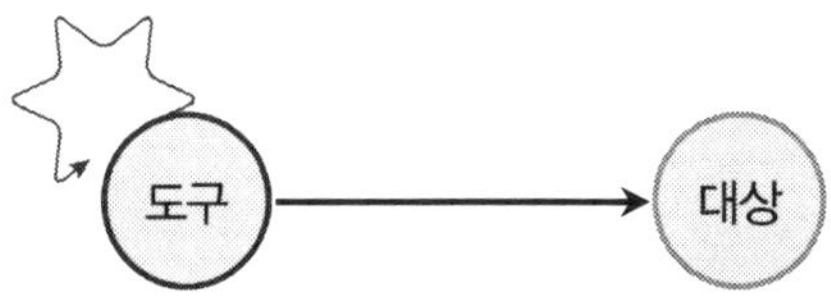

유형4 : 도구가 대상에 유익한 기능을 가하는 동시에 시스템의 다른 구성 요소에 해로운 기능을 가한다. 예를 들어 칫솔모는 이를 청결하게 하는 동시에 잇몸을 손상시킨다. 살충제는 해충 제거에 효과가 있으나 주변 환경에 해로운 작용을 한다.

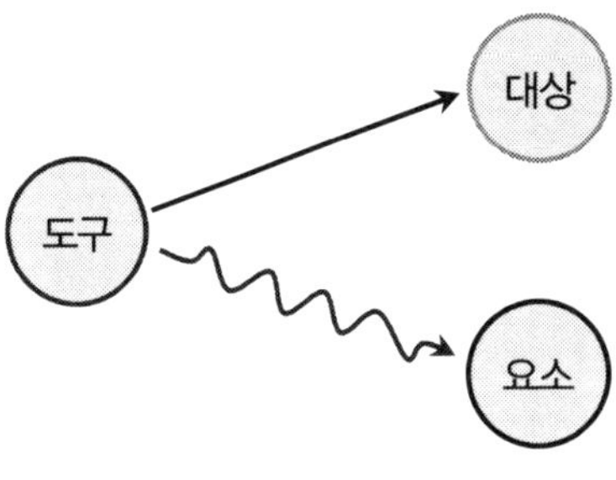

유형5 : 보조도구가 도구에 유익한 기능을 작용하여 도구가 대상에 유익한 기능을 가하는 동시에 보조도구가 대상에 해로운 기능을 가한다. 예를 들어 드릴로 부품을 가공하면서 냉매를 이용해 드릴을 식히는 경우, 냉매는 드릴을 보호하지만 동시에 부

품을 손상 시킬 수 있다.

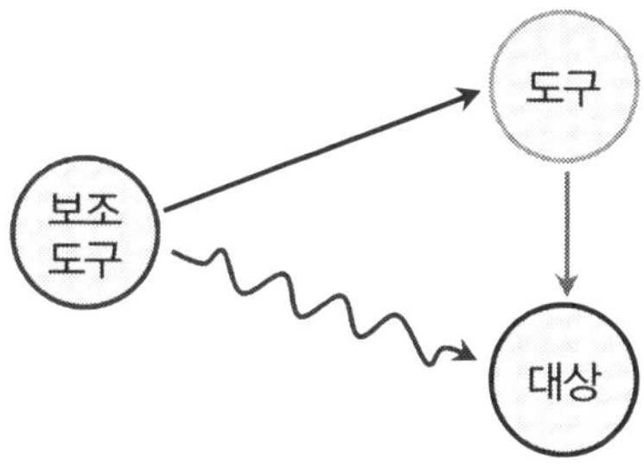

모순이 명확하게 정의되면 문제 해결 단계로 넘어가는데, 문제 해결 단계에서는 보통 40가지 발명원리와 분리원리를 적용하여 해결책을 찾는다. 그것에 대해서는 이어지는 장에서 상세하게 다룰 것이다.

여기서는 간단하게 이러한 모순에 대한 직관적인 해결책을 소개해본다. 칫솔의 경우 칫솔모는 이물질을 제거하지만 잇몸을 상하게 한다. 이 사이에 낀 이물질을 제거하려면 칫솔모는 굵어야한다. 잇몸을 보호하려면 칫솔모는 가늘어야한다. 적당한 굵기로 타협은 없다. 이 모순의 해결책은 끝이 뾰족한 칫솔모다.

사례, 칼

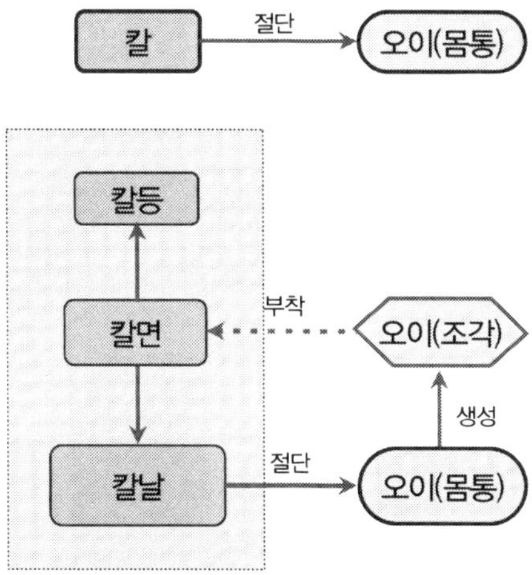

원인분석

모든 결과에는 원인이 있게 마련이다. 원인분석(root cause analysis)은 초기 문제 현상에 대한 인과관계 분석을 통하여 초기 문제에 대한 핵심 문제를 찾아내는 도구다. 기능분석과 마찬가지로 문제에 내포된 근본적인 모순을 찾는데 용이하여 널리 사용되는 매우 유용한 도구다.

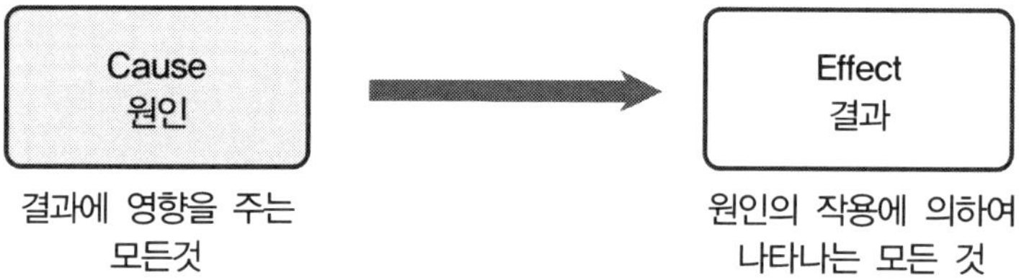

예를 들어 설명해보자. 다음은 초기 문제 "졸리다"에 대한 원인 사슬을 나타낸다.

원인 – 결과 사슬

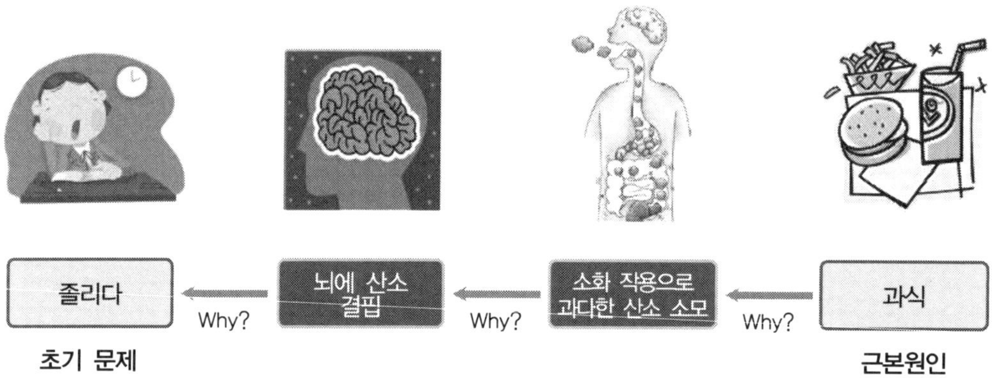

생리적으로 뇌에 산소가 부족한 경우 우리는 졸음이 온다고 느끼게 된다. 따라서 1차적으로 졸음의 원인을 뇌의 산소 부족이라 생각할 수 있다. 그렇다면 뇌에 산소가 왜 부족하게 되었을까? 여러 가지 이유가 있을 수 있겠으나 마침 식사를 마친 직후라면 소화 작용으로 인해 위나 장에서 산소가 과다하게 소비되고 있다고 가정할 수 있다. 실제로 몸에 산소가 부족한 경우 음식을 먹는 순간부터 졸음을 느끼는 사람들도 있다. 이제 산소가 과다하게 소비되는 원인을 찾아야 한다. 과식이나 탄수화물 섭취 등이 원인이 될 수 있겠다. 탄수화물은 주로 장에서 소화가 이루어지기 때문에 위가 음식을 장으로 바로 밀어냄으로써 위와 장이

동시에 산소를 소비하는 경우 더 심하게 졸음이 온다. 이 상황을 조금 과장해서 해석하자면 결국 점심에 급하게 먹은 자짱면 때문에 오후 1시 수업에 늘 졸음이 왔음이 밝혀진 셈이다.

일반적인 생각과는 다르게 어떤 문제의 원인이 표면적으로 드러나지 않는 경우가 많다. 이렇듯 문제에 대한 숨은 원인을 찾아내어 문제에 내포된 모순을 찾아내는 것이 근원 원인분석이라는 도구다.

전형적으로 원인분석은 AND-OR 그래프로 나타낸다. "졸리다"에 대해 AND-OR 그래프를 그리는 과정을 단계별로 알아보자.

먼저 해결하려는 유해한 초기 문제를 기록한 후, 위쪽에 그 문제가 일으키는 결과를 2개 정도 추가한다. 즉, 우리가 해결하려는 문제가 어떤 나쁜 상황을 초래하는지 명확하게 정의하고 시작하는 게 좋다는 의미다.

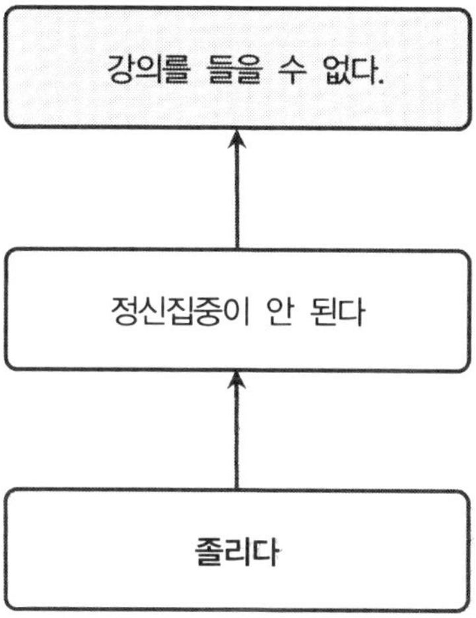

다음은 초기 문제를 일으키는 1차적 원인을 찾아 아래쪽에 기록한 후 화살표로 연결한다.

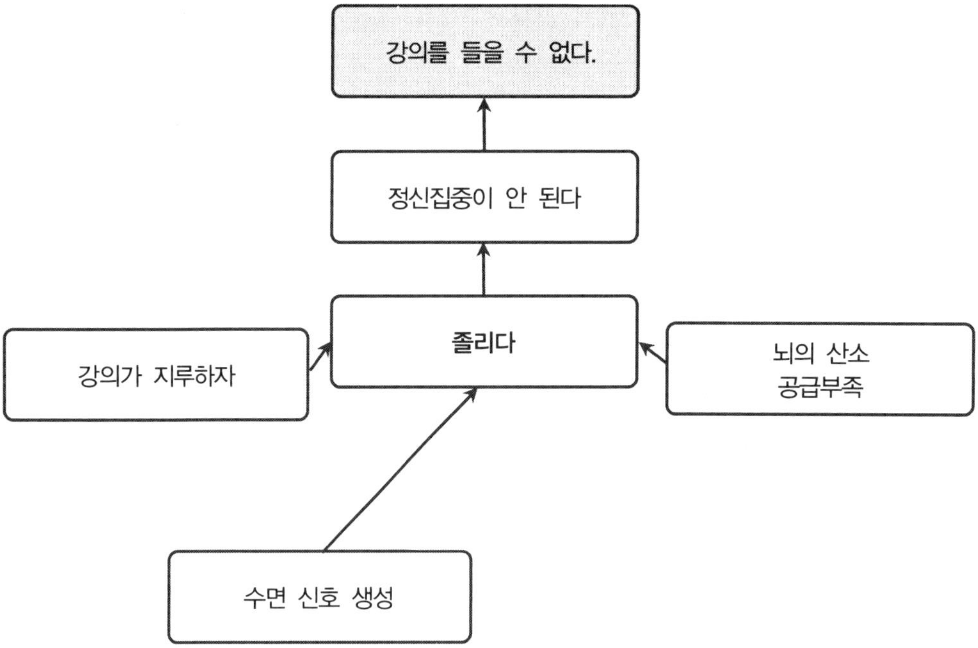

같은 과정을 적당한 횟수만큼 반복한다(5회가 적당하다고 알려졌지만 반복 횟수는 문제에 따라 다르다). 이때 이 원인들이 서로 종속적으로 작용하는 경우 즉, AND(그리고) 관계인 경우 화살표들을 AND로 묶는다. 아래에서 젖산 분해의 원인으로 젖산 생성과 젖산 누적을 들 수 있는데, 하나의 원인만으로 젖산 분해가 일어나지 않으므로 즉, 두 원인이 동시에 발생해야 하므로 AND로 묶었다.

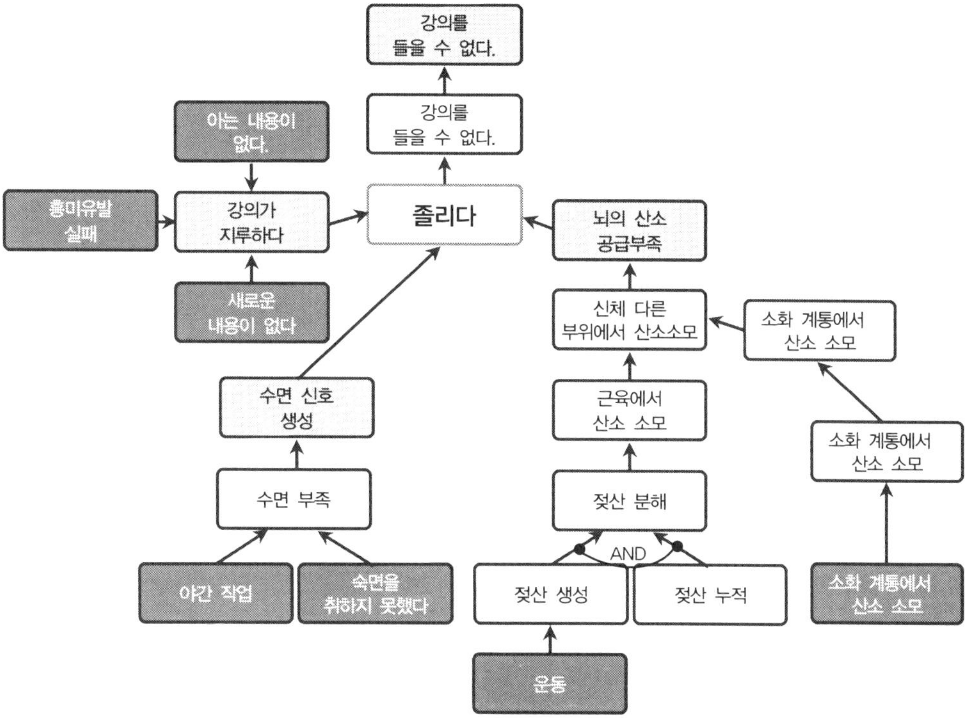

원인분석에 의한 모순 찾기

기능분석과 마찬가지로 원인분석을 하는 이유는 모순을 찾기 위해서다. 원인분석을 통해 모순을 찾는 사례에 대해 알아보자. 저자는 영화를 좋아하는데, 어린 시절 아주 인상적으로 본 영화를 성인이 된 이후 찾아낸 기억이 있다. 영화 제목은 모른 채 뚜렷하게 기억하고 있던 결정적인 장면이 있다. 화약을 총구를 통해 넣고 긴 쇠막대로 다진 후 발사하는 구식 총을 사용하던 주인공이 급한 상황에서 쇠막대를 빼지 않고 총을 발사한 장면이다. 이런 방식의 구식 소총은 장전 속도가 느릴 수밖에 없다. 이제 이 문제를 해결하기 위해 구식 소총의 장전 속도에 대해 원인분석을 적용해서 내포된 모순을 찾아내보자.

먼저 초기 문제 “총의 장전 속도가 오래 걸림”을 기입 한 후, 그래서 발생하는 해로운 상황 “전투력 떨어짐”을 정의한다.

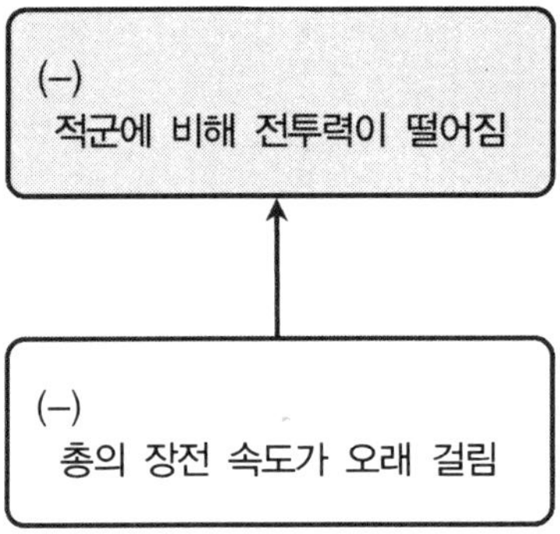

다음으로 1차적 원인 3가지를 찾아 화살표로 연결한다.

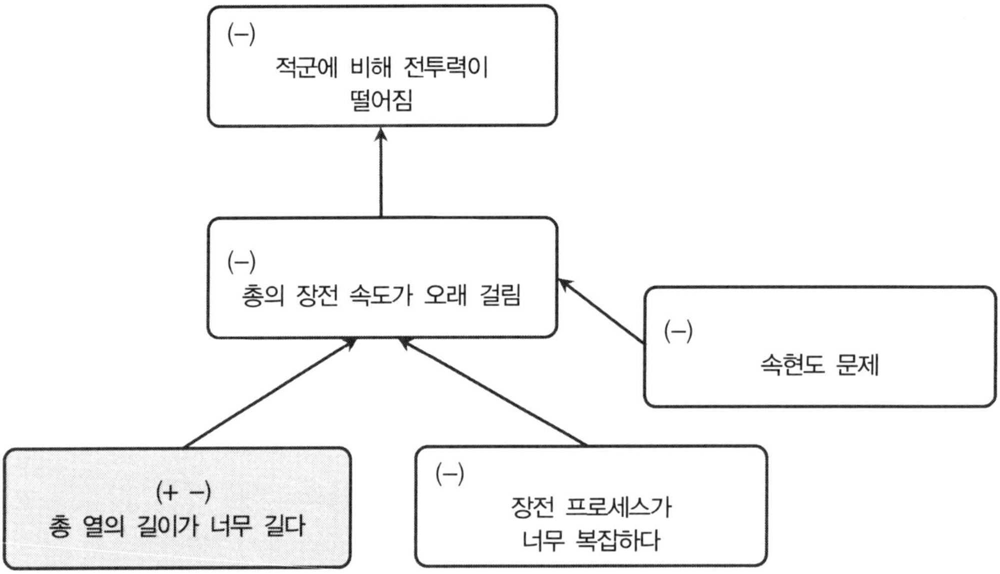

이제 각각의 원인을 분석해보자. 먼저 숙련도 문제는 일반적으로 원인을 더 고려할 필요 없이 바로 해결 할 수 있겠다. 물론 훈련 과정이나 훈련 시스템에 대한 분석을 통해 모순을 찾아내는 일이 가능할 수도 있겠으나 여기서는 그 경우를 다루지 않겠다. 다음으로 장전 프로세스가 복잡한 경우는 그 원인을 찾을 필요가 있다. 예를 들어 다음과 같이 탄알과 화약이 분리된 것을 원인으로 지적할 수 있다. 마지막으로 총열 길이가 긴 경우에 대해 생각해보자. 이 경우 원인을 찾기 전에 먼저 총열의 길이가 긴 경우의 장점을 위쪽에 기록해 보자. 왜냐하면 총열의 길이가 긴 것이 원인으로 작용한 결과 중 하나가 오랜 장전 속도라면, 그럼에도 불구하고 총열을 길게 한 이유에 대해 생각할 필요가 있기 때문이다.

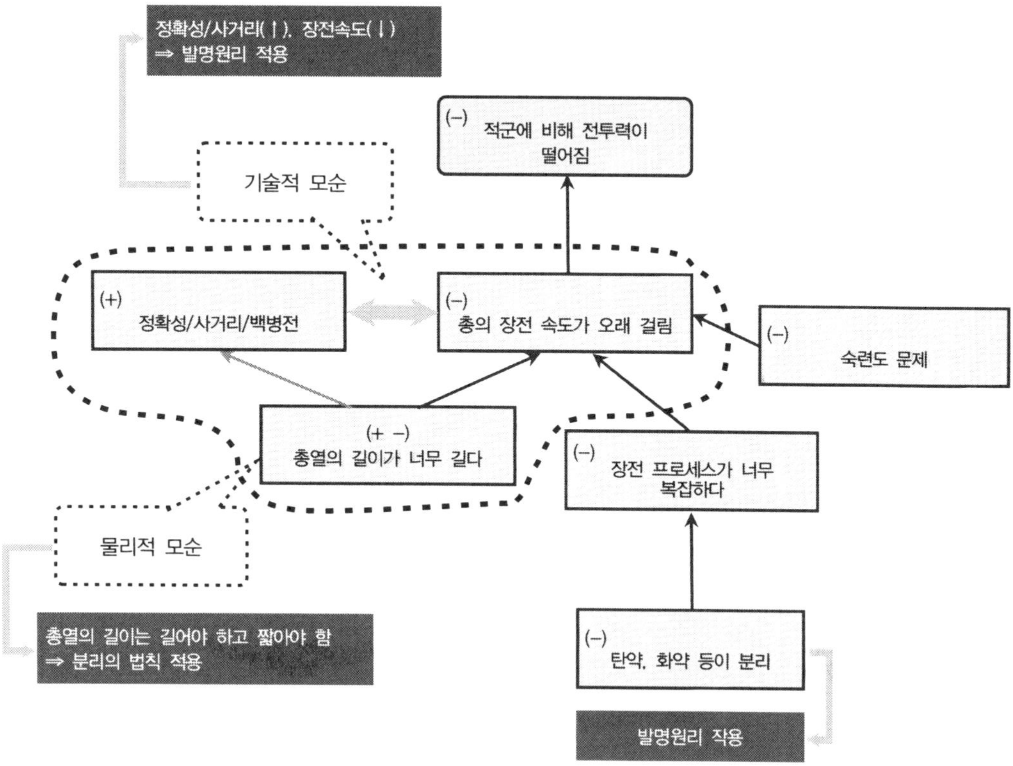

이렇게 그래프를 그려놓으면 모순이 눈에 보인다. 즉, 총열의 길이는 길어야하면서 동시에 짧아야 한다는 물리적 모순, 그리고 총열이 길면 정확성/사거리/백병전 등 전투에 유리하지만 장전속도가 느려지고, 총열이 짧으면 장전 속도를 빠르게 할 수 있지만 전투에 불리하다는 기술적 모순이 분명하게 드러난다.

09. 트리즈, 모순 해소에 의한 문제 해결

트리즈는 문제에 내포된 모순을 찾아 자원을 활용하여 이상적인 해결책을 도출하는 것으로 요약할 수 있다. 기능분석이든 원인분석이든 궁극적으로 문제에 내포된 모순을 찾아냈다면, 이제는 문제를 해결할 차례다. 문제에 내포된 모순을 해소해서 최종 해결책을 제시하는 방법을 알아보자

모순 해소를 위한 문제 표기법

문제에 내포된 기술적, 물리적 모순을 찾으면 다음과 같이 문제 상황을 체계적으로 나타낼 수 있다.

▣ 문제 :

▪ 물리적 모순 :

__________은/는 __________하기도 하고 ____________ 하기도 해야 한다..

▪ 기술적 모순 :

__________이/가 _____으면 ___________ 좋지만 ____________은/는/이/가 나쁘고,

__________이/가 _____으면 ___________ 좋지만 ____________은/는/이/가 나쁘다.

즉, 문제를 서술 한 후, 물리적 모순과 기술적 모순을 명확하게 서술한다. 이러한 모순 관계로부터 다음과 같은 모순 관계표를 얻을 수 있다.

▪ 모순 관계표 :

물리적 모순	기술적 모순
P+	A
P−	B

구체적인 사례를 사용해서 모순 관계표를 도출해 보자. 여기서는 원인분석을 통해 모순을 찾아낸 총열의 길이 문제에 대응하는 모순 관계표를 만들어 본다. 먼저 총열의 길이에 대한 물리적 모순과 기술적 모순은 다음과 같이 나타낼 수 있다.

▣ 문제 : 구식 소총의 총열의 길이

- 물리적 모순 :

  총열의 길이는 길어야하기도 하고 짧아야하기도 하다.

- 기술적 모순 :

  총열의 길이가 길면 전투하기에 좋지만 장전속도가 느려서 나쁘고,

  총열의 길이가 짧으면 장전속도가 빨라서 좋지만 전투하기에 나쁘다.

이러한 사실로부터 다음과 같은 모순 관계표를 얻을 수 있다.

■ 모순 관계표 : 총열의 길이

물리적 모순	기술적 모순
P+ 길어야 한다	A 전투하기 좋다
P– 짧아야 한다	B 장전하기 좋다

이제 문제를 해결해야 한다. 트리즈는 타협하지 않는다. 이 상황에서 총열의 길이를 적당하게 길게 하는 방법으로 해결하려는 대신 트리즈는 어느 한쪽을 선택한 후 다른 부작용을 해소하는 방법을 사용한다. 예를 들어 다음과 같이 총열의 길이를 길게 하는 선택을 하면, ~B 즉, 장전속도가 느린 문제를 해결하면 된다.

물리적 모순	기술적 모순
P+ **길어야 한다**	A 전투하기 좋다
P– **짧아야 한다**	B 장전하기 좋다

어떻게?

이때 사용하는 트리즈 기술이 바로 40가지 발명원리와 분리원리다. 예를 들어 이 문제의 경우 발명원리 13번 역발상과 17번 차원 바꾸기를 적용해서 뒤에서 장전하는 총이 발명된다. 즉, 총열의 길이를 길게 하는 대신 장전속도를 빠르게 하는 것이다.

다음은 뒤에서 장전하는 소총의 특허 도면 일부분이다.

다음은 뒤에서 장전하는 소총의 특허 도면 일부분이다.

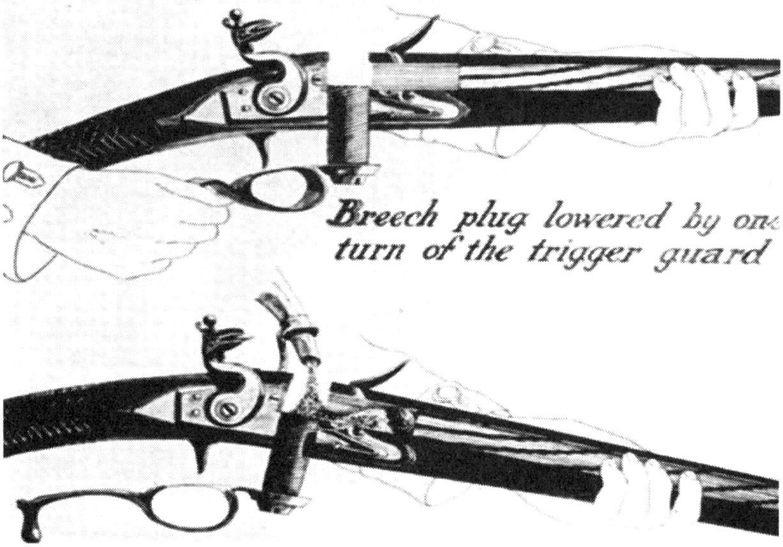

분리원리

40가지 발명원리는 앞에서 자세하게 다루었으므로 분리원리에 대해 알아보자.
트리즈에서 모순을 해결하는 데 사용되는 분리원리는 크게 5가지가 있다.

1) 공간 분리

모순을 일으키는 두 특성이 서로 다른 공간(영역)에서 요구되는 특성이라면, 두 특성을 서로 다른 공간에서 각각 만족할 수 있는 해결 방안을 고안할 수 있다. 물론 해결방안을 생성하기 위해 40가지 발명원리를 활용할 수 있다. 렌즈의 경우 멀리 보려면 오목해야하지만 가까이 보려면 볼록해야한다. 동시에 오목하면서 볼록하게 할 필요가 있다. 40가지 발명원리 분할, 국소품질을 적용해서 만든 게 위쪽은 오목하고 아래쪽이 볼록한 안경이다. 다 초점 렌즈 역시 공간 분리 원리가 적용된 사례다.

■ 모순 관계표 : 노안용 안경

P+ 오목해야 한다	A 먼 게 잘 보인다
P– 볼록해야 한다	B 가까운 게 잘 보인다
물리적 모순	기술적 모순

두 특성이 요구되는 공간을 분리하여 모순 해소
40가지 발명원리 : 분할, 국소품질

2) 시간 분리

모순을 일으키는 두 특성이 서로 다른 시간에 요구되는 특성이라면, 서로 다른 시간에 두 특성을 만족할 수 있는 해결 방안을 고안할 수 있다. 마찬가지로 해결방안을 생성하기 위해 40가지 발명원리를 활용할 수 있다. 우산의 경우 커야하면서 동시에 작아야 한다는 물리적 모순이 있다. 즉, 비가 올 때는 커야하지만 아닐 때는 작아야 휴대가 편리하다. 40가지 발명원리 역동성을 적용해서 만든 게 비가 오면 펼치고 접어서 휴대하는 우산이다.

■ 모순 관계표 : 우산

P+ 커야 한다	A 비를 막을 수 있다
P– 작아야 한다	B 휴대가 편하다
물리적 모순	기술적 모순

두 특성이 요구되는 시간을 분리하여 모순을 해소
40가지 발명원리 : 역동성

3) 조건(관계) 분리

모순을 일으키는 두 특성이 특정 조건이나 관계에 따라 요구되는 특성이라면, 서로 다른 조건에 두 특성을 만족할 수 있는 해결 방안을 고안할 수 있다. 여름밤 창문을 열면 시원한 바람이 불어 좋지만 모기 같은 벌레들이 들어와 문제를 일으킨다. 즉, 창문은 열어야하면서 닫아야하는 물리적 모순 상황이 발생했다. 바람은 통하면서 모기는 들어오지 못하게 해야 한다. 조건을 분리해보자. 바람이 통하는 조건에 있어 공기와 모기의 차이가 매우 크다는 점을 이용할 수 있다. 이 통과 조건의 분리 결과가 모기장이다. 창문을 열어놓는 대신 ~B 즉, 모기가 들어오지 못할 조건을 만들었다.

■ 모순 관계표 : 창문

물리적 모순	기술적 모순
P+ 열어야 한다	A 바람이 들어온다
P– 닫아야 한다	B 모기가 들어오지 못한다

두 특성에 작용하는 바람과 모기의 통과 조건을 분리하여 모순을 해소
40가지 발명원리 : 다공성

한 여름철 짙은 선글라스는 햇빛과 자외선을 차단하기에 매우 유용하지만 실내에 들어가면 너무 어두워 불편하다. 안경의 색이 짙어야하면서 투명해야하는 모순 상황이다. 이 경우 역시 안경의 색이 짙지만 실내에 들어오면 밝아야하는 모순을 해결하면 된다. 이렇게 조건을 분리해서 만든 게 햇빛이나 자외선과 반응하면 색이 진해지고 실내로 들어와 자외선이 적어지면 색이 사라지는 자외선 반응 선글라스다.

4) 바이패스

모순을 일으키는 두 특성이 시간, 공간, 조건에 따라 분리할 수 없다면 모순을 일으키는 두 특성을 모두 무시하고 완전히 새로운 해결책을 고안한다. 예를 들어, 사용하기 편리하려면 커야하면서 자리를 적게 차지하도록 작아야하는 키보드 대신, 사용할 때 테이블에 투사하는 광학식 키보드가 바이패스에 의한 문제 해결이다.

■ 모순 관계표 : 키보드

P+ 커야 한다	A 사용이 편리하다
P– 작아야 한다	B 휴대가 편리하다
물리적 모순	기술적 모순

크다 작다는 특성을 무시할 수 있도록 물리적인 키보드를 광학식으로 바꾸어 모순을 해소
40가지 발명원리 : 기계 시스템 교체

5) 부분만족

물리적 모순 한 개를 선택한 후, 그것으로 나빠지는 기술적 모순을 어떻게든 해결한다. 앞에서 사용한 총열의 길이 문제가 바로 부분만족 분리원리를 적용한 사례이다.

■ 모순 관계표 : 총열의 길이

P+ 길어야 한다	A 전투에 좋다
P– 짧아야 한다	B 장전하기 좋다
물리적 모순	기술적 모순

특성 P+를 선택하는 대신 ~B 즉, 장전 방법을 개선한다
40가지 발명원리 : 역발상

총열의 길이 문제를 다시 생각해보자. 뒤에서 장전하는 방식으로 장전속도 문제를 개선했으나 여전히 문제가 많다. 일반적으로 큰 총은 휴대하기가 불편하다. 그렇다면 총열을 짧게 하면서도 총의 정확도와 파괴력을 높이고 백병전 같은 상황에서 유리하게 할 수는 없을까? 그렇다 오늘날 사용하는 소총류는 총열의 길이가 짧은 대신 총구에 나선형 홈을 파서 정확도와 파괴력을 높이고 백병전 시 대검을 부착할 수 있는 형태로 발전했다. 즉, 시간에 의한 분리원리와 발명원리 14번 곡선화, 15번 역동성을 적용해서 문제를 해결한다.

응용문제 1

가을 들판 수수밭에 수수가 가득하다. 수수밭을 참새로부터 지키기 위한 해결책을 찾아보라. 그 해결책은 수수의 성장을 방해해도, 비용이 많이 들어도 안 된다.

P+	A
P−	B

물리적 모순

기술적 모순

분리원리 :

40가지 발명원리 :

응용문제 2

야외 골프 연습장은 공의 분실을 막기 위해 그물망을 사용한다. 눈이 많이 오는 경우 그물망에 눈이 쌓여 붕괴되는 사고가 빈번하게 발생한다. 기능분석-트리밍과 근원 원인분석-분리원리를 적용하여 다양한 해결책을 찾아보라!

P+

A

P-

B

물리적 모순

기술적 모순

분리원리 :

40가지 발명원리 :

응용문제 3

전통적인 도금방식은 아래 그림과 같이 고온의 도금액에 도금체를 담가 표면을 코팅한다. 도금 작업의 생산성을 위해서는 도금액의 온도는 높을수록 좋으나, 그 경우 도금 용기 표면에서 반응이 일어나 도금에 사용되는 재료의 손실이 커진다. 기능분석-트리밍과 근원 원인분석-분리원리를 적용하여 다양한 해결책을 찾아보라!

P+	A
P-	B
물리적 모순	기술적 모순

분리원리 :

40가지 발명원리 :

10. 지식재산권

지식재산권 제도는 발명을 보호하고 장려함으로써 국가산업의 발전을 도모하기 위한 제도이며(특허법 제1조), 이를 달성하기 위하여 기술을 공개한 대가로 특허권을 부여는 것을 구체적인 수단으로 사용한다. 즉, 기술을 공개함으로서 사회적으로 기술 축적이 이뤄지고, 공개된 기술 내용을 활용하도록 함으로서 결과적으로 산업 발전을 도모하게 된다. 다른 한편으로 발명자에게 독점권을 부여하여 사업화를 촉진하고 발명의욕을 고취시킴으로서 결과적으로 산업 발전을 도모한다.

지식재산권의 개념과 종류

지식재산권이란 인간의 지적 활동의 성과로 얻어진 정신적 산물로서 재산적 가치가 있는 것으로 정의할 수 있으며 형태를 갖추지 않은 재산이라는 의미에서 '무체재산권'이라 한다. 독점배타권이라는 측면에서 소유권과 유사하지만 보호대상, 권리의 구성, 권리의 기간 등에서 소유권과 차이가 있다. 무체물은 직접지배가 불가능하기 때문에 지식재산권에 대한 침해의 발견과 입증이 곤란하다는 특징이 있다.

소유권	지식재산권
유체물(동산, 부동산)	무체물
복수이용 불가	복수이용

지식재산권은 일반적으로 다음과 같이 구분할 수 있으며 관련 법규 및 권리의 존속기간 등이 다르다. 예를 들어 휴대폰의 경우 반도체 칩 관련 혹은 조립 방법 등은 특허, 운영체제는 특허 또는 저작권, 외형은 디자인, 음악이나 영상은 저작권, 제품의 이름이나 제조사 명칭 등은 상표에 대한 권리를 얻어 보호한다.

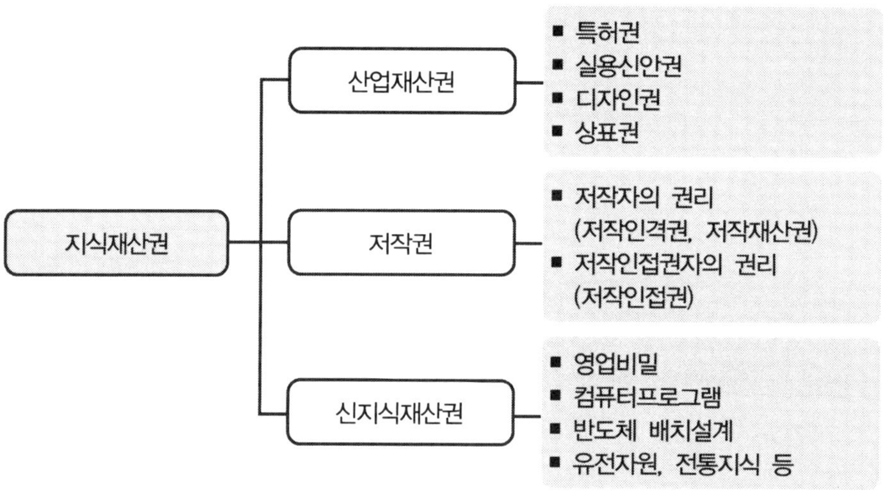

산업재산권

흔히 특허로 부르는 산업재산권은 다음과 같이 4가지로 나뉘며 보호의 대상과 권리의 존속 기간이 다르다.

산업재산권	등록요건	권리의 효력
특허권	• 상업상 이용 가능성 • 신규성 • 진보성(당업자가 용이) • 명세서 기재요건 등	• 판단기준 : 청구범위 • 존속기간 : 설정등록이 있는 날로부터 출원일부터 20년 • 보호범위 : 동일 균등범위
실 용 신안권	• 특허와 기본적으로 동일 • 진보성 : 진보의 정도에 차이 (극히 용이)	• 판단기준 : 청구범위 • 존속기간 : 설정등록이 있는 날로부터 출원일부터 10년 • 보호범위 : 동일 또는 균등범위
디자인권	• 공업상 이용 가능성 • 신규성 • 창작성	• 판단기준 : 도명 • 존속기간 : 등록일부터15년 • 보호범위 : 동일 또는 유사범위
상표권	• 자타상품식별력 • 보통명칭, 관용상표, 기술적 표장, 현저한 지리적 명칭 등 • 부등록 사유 • 국기, 국장 등과 동일유사, 저명한 타인의 서영	• 판단기준 : 표장(견본) • 존속기간 : 설정등록일부터 10년(갱신 가능 • 보호범위 : 동일 또는 유사범위

출처, 특허법 이론과 실제, 특허청, 국제지식재산연수원

특허권 혹은 발명은 자연법칙을 이용한 기술적 사상의 창작으로서 고도한 것 즉 대발명에 대한 권리로 존속기간은 설정 등록일로부터 출원 후 20년이다.

실용신안권 혹은 고안은 자연법칙을 이용한 기술적 사상의 창작으로서, 물품의 형상, 구조, 조합을 포함하는 소발명에 대한 권리로 존속기간은 설정 등록일로부터 출원 후 10년이다. 소발명이라고 하지만 진보성을 따지는데 대발명과 차이는 없다.

디자인권 혹은 디자인은 물품의 부분 및 글자체를 포함한 물품의 형상, 모양, 색채 또는 이들을 결합한 것으로서 시각을 통하여 미감을 일으키게 하는 것에 대한 권리로 존속기간은 설정 등록일로부터 출원 후 20년이다.

상표권 혹은 상표는 상품을 생산, 가공, 증명 또는 판매하는 것을 업으로 영위하는 자가 자기의 업무에 관련된 상품을 타인의 상품과 식별 되도록 사용하는 표장에 대한 권리로 존속기간은 설정 등록일로부터 10년이며, 갱신등록출원이 가능하므로 사실상 영구적이다. 기호, 문자, 도형, 색채상표, 홀로그램상표, 소리상표, 냄새상표 등을 포함하여 그 범위가 매우 넓다.

다음은 자동차와 관련한 산업재산권 보호대상을 나타낸다.

특허 : 원천 핵심 기술	실용신안 : 주변 개량 기술
엔진제어시스템	백미러
ABS 브레이크 시스템	컵 홀더
지능형 현가 시스템	자동차 도어
변속기 시스템	의자 높낮이 조절장치

디자인 : 외관	상표 : 명칭
차체 형상	자동차 명칭(제네시스, 에쿠스, 소나타 등)
의자 형상	제작사 명칭(현대, 기아, 벤츠, BMW 등)
전방 램프 형상	
리어 스포일러 형상	

저작권

저작권은 인간의 지적 능력을 통해 창작한 미술, 음악 등 예술분야 창작물 즉, 인간의 사상이나 감정을 표현한 저작물에 대하여 일정기간 독점권을 부여하는 권리를 말한다. 즉, 소설을 쓰거나 작곡을 하여 그것을 출판하거나 방송에 이용하는 것에 대해 그것을 쓴 사람이나 작곡한 사람에게 법률로써 인정하는 권리다. 산업재산권과 다르게 저작권은 저작자가 저작물을 완성한 순간 발생한다. 따라서 저작권 취득을 위해 별도의 절차나 등록을 할 필요가 없다. 저작권이 갖는 이러한 특징을 비등록주의 혹은 무방식주의라 한다. 반면에 특허권, 실용신안권, 상표권, 디자인권은 별도의 출원, 심사, 등록의 절차를 마쳐야 권리를 취득할 수 있는 등록주의 혹은 방식주의를 취한다.

저작권으로 보호 받기 위해서는 일정 수준 이상의 창작성을 갖추어야 한다. 그러나 다른 산업재산권에서 요구하는 신규성과 의미가 달라서, 극단적으로 타인의 저작물과 완전히 동일한 창작물을 만들었다고 하더라도 그것이 스스로 창작한 것이고 타인의 것을 모방하지 않은 것임을 입증하면, 저작물로 인정되어 보호받을 수 있다. 또한 저작권의 보호대상은 독창적인 사상이나 감정 또는 아이디어에 관한 표현을 보호하는 것으로 기술적으로나 구체적으로 구현되지 않은 사상, 감정, 아이디어 자체를 보호하는 건 아니다.

저작권의 종류는 저작자의 권리인 저작인격권, 저작재산권과 저작인접권자의 권리로 나뉜다. 저작인격권은 공표권, 성명표시권, 동일성유지권이며, 저작재산권은 복제권, 공연권, 공중송신권, 전시권, 배포권, 대여권, 2차적 저작물 작성권이다. 저작인접권자의 권리는 저작물의 창작자는 아니지만, 저작물을 공중에게 전달하는데 중요한 역할을 하는 실연자, 음반제작자 및 방송사업자에게 부여되는 저작권과 유사한 권리로 저작인접권, 보상금청구권, 실연자의 경우 실연자 인격권이 여기에 해당한다.

저작권의 보호기간은 저작인격권의 경우 일신전속적인 권리이므로 저작자의 사망과 동시에 소멸한다. 저작재산권은 원칙적으로 생존 기간을 포함 사후 70년까지이며, 무명 또는 이명 저작물인 경우 공표 후 70년이고 저작자가 사망한 다음 해 1월1일부터 기산한다. 저작인접권중 실연자의 권리는 실연한 때의 다음해부터 70년, 음반제작자의 권리는 발행한 때의 다음해부터 70년, 방송사업자의 권리는 방송한 때의 다음해부터 50년이다.

저작권 중 저작재산권은 전부 또는 일부를 양도하는 것이 가능하다 다만 그러기 위해서는 먼저 등록을 하여야한다. 즉, 저작권의 효력은 등록 여부와 무관하지만 양도를 위해서는 먼저 권리를 등록해야한다. 저작인격권은 일신전속적 권리이므로 양도나 이전이 불가능하다. 반면에 특허권, 실용신안권, 상표권, 디자인권 같은 산업재산권은 등록 여부와 무관하게 다른 재산권처럼 자유롭게 양도나 이전 또는 상속이 가능하다.

다른 지식재산권과 마찬가지로 공공의 이익 등을 위해 저작재산권을 제한할 수 있다. 다음은 저작재산권을 제한하는 일반적인 경우를 나타낸다. 다만 저작물을 사용하는 경우 출처 등을 명시하여야 한다.

- 재판절차, 입법 및 행정 목적 등을 위한 저작물의 복제
- 공개적으로 행한 정치적 연설, 법정 · 국회 · 지방의회 진술에 이용
- 학교 교육 목적 등을 위한 이용
- 시사보도를 위한 저작물의 간접적 이용
- 시사적인 기사 및 논설 등을 다른 언론 기관에 의한 복제
- 공표된 저작물의 인용
- 영리를 목적으로 하지 아니하는 저작물의 공연 · 방송
- 사적 이용을 위한 복제
- 도서관 등에 의한 소장 자료의 복제 · 전송
- 저작물을 시험문제로의 복제
- 시각장애인 등을 위한 저작물의 점자 등으로의 복제 · 전송

- 방송사업자의 자체방송을 위한 저작물의 일시적 녹음·녹화
- 미술저작물 등의 일정한 장소에서의 전시 또는 복제
- 위와 같은 이용을 위한 저작물의 번역·편곡·개작·이용

신지식재산권

과학과 기술의 발달, 산업과 기업 활동 환경의 변화와 함께 보호의 대상으로 새롭게 등장한 영업비밀, 컴퓨터프로그램, 반도체 집적회로의 배치설계, 종자 등 유전자원, 전통지식 등의 분야에 속하는 지식재산권을 신지식재산권이라한다.

영업비밀은 영업과 관련한 모든 형태의 구체적인 정보를 대상으로 한다. 일반적으로 알려지지 아니하고, 보통의 수단으로 다른 사람에 의해 쉽게 얻어질 수 없는 것으로 비밀로 관리하고 있으며 경제적 가치가 있어야 한다. 오픈소스 라이선스 같은 경우 저작권으로 보호되지 않아도 영업비밀로 보호될 수 있다. 영업비밀은 부정경쟁방지 및 영업비밀 보호에 관한 법률로 보호된다.

배치설계권은 반도체 집적회로의 회로기판상에 소자 배열, 배선의 배치설계에 독점배타적인 전용권을 부여한 것으로 기존에 특허권이나 저작권으로 보호하였으나 적절하지 않다는 판단에 따라 반도체집적회로의 배치설계에 관한 법률을 독자적으로 제정하여 보호한다. 존속기간은 등록 또는 산업상 이용일로부터 10년이다.

실존하는 사람의 캐릭터에 관한 권리로 퍼블리시티권이 있다. 초상권이 비경제적 권리라면 퍼블리시티권은 상업적, 경제적 의미를 지닌 권리로 캐릭터에 대한 저작권과 유사한 성질을 가진 권리이다.

다음은 신지식재산권을 포함한 지식재산권 각각의 보호대상과 대응하는 법률을 나타낸다.

구분	보호대상	보호법
창작 보호	발명	특허법
	고안	실용신안법
	디자인	디자인 보호법
	반도체 집적회로, 레이아웃	반도체집적회로의회로 배치에 관한 법률
	식물신품종	종자산업법, 특허법
	컴퓨터 프로그램	저작권법, 특허법
	데이터베이스	저작권법
	저작물	저작권법
표지보호	상표	상표법
	상호	상법
	서비스마크	상표법
	지리적 표시	부정경쟁방지법, 상표법
부정경쟁방지	영업비밀	부전경쟁방지법

특허권을 얻으려면 출원, 심사, 등록의 절차를 거쳐야 한다. 이러한 절차와 관련하여 적용되는 특허법의 일반원칙은 아래와 같이 요약할 수 있다. 구체적인 법령을 떠나 이러한 원칙을 이해하면 여러 가지 특허 관련 제도를 이해하기 쉽다.

출원

- 권리주의 : 권리를 받아 마땅한 자에게 권리는 주는 것일 뿐이라는 입장으로 은혜주의와 반대되는 개념
- 도달주의 : 필요한 서류나 문서가 해당인에게 도달하여야 인정한다는 입장이다. 등기우편의 경우 발신주의를 따름
- 수수료 납부주의 : 특허에 대한 절차를 밟는자는 정해진 수수료를 납부해야 한다는 입장
- 1건 1통주의 : 특허청에 제출하는 서류나 문서는 1건 당 1통씩 작성해야 한다는 입장

심사

- 심사주의 : 특허를 받기 위해서는 필요한 요건의 전부를 심사하여 특허를 부여한다는

입장

- 선출원주의 : 동일한 발명에 대한 2 이상의 출원이 있을 때는 먼저 출원한 사람에게 권리를 인정한다는 주의. 선발명주의와 대립
- 보정 및 보정제한주의 : 미비점을 보완할 보정의 기회를 주어 출원인을 보호하되, 지연이나 다른 사람에게 불이익이 가지 않도록 보정의 내용을 제한
- 공개주의 : 정해진 기간(출원일 이후 1년 6개월 혹은 출원인 신청시)내에 발명의 내용을 공개하여 중복발명 등을 방지

등록

- 등록주의 : 독점배타적 권리를 얻기 위해서는 설정등록을 해야 한다는 입장. 저작권의 경우 무등록주의임
- 특허료납부주의 : 설정등록을 받으려면 정해진 특허료를 납부해야 함. 미납시 포기로 간주함

기타

- 서면주의 : 특허출원서 등 제반서류는 서면 또는 전자문서로 제출해야함
- 양식주의 : 법령으로 정한 서식을 사용해야 한다는 입장
- 국어주의 : 외국어특허출원 등을 제외하고 원칙적으로 국어로 작성하여 제출해야함

11. 특허의 성립요건

산업재산권 중 특허권을 등록하기 위해서는 일정한 요건을 갖추어야하며 정해진 절차에 따라야한다. 이를 특허의 성립요건이라 하는데, 다음과 같이 4가지 범주로 나누어볼 수 있다.

- 주체적 요건
- 실체적 요건
- 조약의 위배 여부
- 절차적 요건

주체적 요건

누가 특허를 받을 수 있는가에 대한 것으로, 특허 등록을 희망하는 출원인이 되기 위해서는 권리능력이 있으면서 동시에 해당 발명에 대한 권리를 가진 권리적격자이어야 한다.

권리능력이란 권리의 주체가 될 수 있는 법률상의 지위 또는 자격으로 민법의 규정을 따르며 외국인의 경우만 특허법에서 별도로 규정한다. 민법상 내국인인 자연인과 법인의 권리능력이 인정되는데 법인은 발명능력이 없기 때문에 승계에 의해서만 권리자가 될 수 있다.

외국인의 경우 우리나라 산업발전에 기여할 가능성이 있는 재내자의 권리를 인정하며, 재외자의 경우 그 사람이 속한 국가에서 대한민국 국민에 대해 그 나라 국민과 동일한 특허의 권리를 부여하는 경우 및 조약에 의해 권리능력을 인정하도록 특허법으로 규정되어 있다.

권리적격은 발명에 대한 권리 및 의무의 주체가 될 수 있는 법률상의 지위 또는 자격으로 특허법 제33조 제1항에 "발명을 한 자 또는 그 승계인은 이 법에서 정하는 바에 의하여 특허를 받을 수 있는 권리를 가진다."라고 규정되어 있다. 즉 발명자 본인과 발명을 승계한 승계인이 권리적격자이다.

공동발명이란 2인 이상이 실질적으로 협력하여 완성한 발명을 말하는 것으로, 공동발명의 경우 특허를 받을 수 있는 권리는 공유되며, 공유자 전원이 특허출원을 하여야 한다. 실질적 협력이란 발명의 시작부터 종료까지 실질적으로 관여하는 것을 의미하므로 단순한 보조자, 관리자, 위탁자, 자본주 등은 공동발명자가 될 수 없다.

발명자가 아니면서 승계인이 아닌 무권리자는 특허를 받을 수 있는 권리가 제한되며, 특허청 및 특허심판원 직원은 상속인 경우를 제외하고 재직 중 특허를 받을 수 없다.

실체적 요건

발명의 내용이 갖추어야할 실제적 요건을 말한다. 즉, 주체적, 조약, 절차적 요건이 형식적인 것이라면 실체적 요건은 발명의 내용이 갖추어야 할 요건을 말하며, 보통 특허를 출원하는 경우 형식적 요건을 갖추게 되므로 결국 실체적 요건에 의해 등록여부가 결정된다고 볼 수 있다.

특허의 등록 여부를 결정하는 실체적 요건은 다음과 같은 내용을 포함한다.

- 산업상 이용가능성
- 신규성
- 진보성
- 선출원주의
- 확대된 선출원주의
- 불특허발명
- 발명의 상세한 설명 기재
- 특허청구범위 기재

- 보정에서 신규사항 추가금지
- 분할출원의 범위
- 변경출원의 범위

1) 산업상 이용가능성

산업상 이용가능성은 해당 발명이 산업 분야에서 실제로 실현될 수 있는지를 판단하는 특허 요건이다. 아무리 놀라운 발명이더라도 그것을 산업에 이용할 수 없다면 특허법의 취지에 맞지 않으므로 독점적 권리를 부여할 필요가 없기 때문이다. 특허요건에 대한 최상위 규정인 특허법 제29조는 다음과 같이 산업상 이용가능성을 대 전제로 한 후 이어 신규성, 진보성 등을 규정하고 있다.

> 특허법 제29조(특허요건)
> **① 산업상 이용할 수 있는 발명으로서 다음 각 호의 어느 하나에 해당하는 것을 제외하고는 그 발명에 대하여 특허를 받을 수 있다.**
> 1. 특허출원 전에 국내 또는 국외에서 공지되었거나 공연히 실시된 발명
> 2. 특허출원 전에 국내 또는 국외에서 반포된 간행물에 게재되었거나 전기통신회선을 통하여 공중이 이용할 수 있는 발명

산업상 이용가능성의 의미를 상세하게 알아보기로 하자.

먼저 "산업"은 유용하고 실용적인 기술에 속하는 모든 활동을 포함하는 가장 넓은 범위의 개념이다. 파리조약에서 "산업재산권은 최광의로 해석되어 엄격한 의미의 공업 및 상업 뿐만 아니라 농업 또는 채취산업의 분야 및 제조 또는 천연의 모든 산품, 예컨대, 포도주, 곡물, 담뱃잎, 과실, 가축, 광물, 광천수, 맥주, 꽃, 밀가루에 대하여도 적용된다."고 해석하고 있다.

심사 실무에서도 산업의 범위를 넓게 해석하기 위하여 개인적, 학술적, 실험적으로만 이용할 수 있어 소위 업으로 활용될 수 없는 경우만을 산업상 이용가능성이 없는 것으로 배제하는 소극적 입장을 취하고 있다. 또한 개인적, 학술적, 실험적 이용이 시판이나 영업의 가능성이 있으면 산업상 이용가능성이 있는 것으로 해석한다.

다음으로 이용가능성에서 "이용"은 특허법 제2조 및 제3조의 "실시"와 같은 의미로 해석된다. 따라서 이용가능성은 동일결과를 반복하여 실시할 수 있는 가능성으로서, 그 발명이 실제로 즉시 실시될 것을 의미하는 것이 아니라 장래이용가능성만 있으면 되는 것으로 해석한다.

그렇더라도 공중에 뜨는 벽돌이 만들어질 것을 전제로 한 하늘을 둥둥 나는 성 같은 발명

은 산업상 이용가능성을 인정하지 않는다. 다음은 관련된 대법원 판례다.

대법원 2003. 3. 14. 선고 2001후2801 판결
"이는 해당 발명의 산업적 실시가 장래에 있어도 좋다는 의미일 뿐 장래 관련 기술의 발전에 따라 기술적으로 보완되어 장래에 비로소 산업상 이용가능성이 생겨나는 경우까지 포함하는 것은 아니다."

2) 신규성

신규성이란 발명의 내용이 사회일반에 아직 알려지지 않은 발명으로서 객관적 창작성이 있는 것을 의미한다. 특허법은 신규 즉, 새로운 발명을 한 후 그것을 공개한 자에 대하여만 공개의 대가로서 특허권을 부여하고, 공개된 기술을 이용하여 산업발전에 이바지하기 위해 신규성을 중요한 요건으로 규정하고 있다. 다만 출원인의 이익을 보호하기 위하여 신규성 상실사유를 소극적으로 규정하여 제한열거적인 신규성 상실사유에 해당하지 않는 한 신규성이 상실되지 않는 것으로 봄으로써 객관성을 확보하고 있다. 즉, 신규성이 없지 않으면 있다고 본다. 신규성에 대한 특허법의 규정은 다음과 같다.

특허법 제29조(특허요건)
① 산업상 이용할 수 있는 발명으로서 다음 각 호의 어느 하나에 해당하는 것을 제외하고는 그 발명에 대하여 특허를 받을 수 있다.
1. 특허출원 전에 국내 또는 국외에서 공지되었거나 공연히 실시된 발명
2. 특허출원 전에 국내 또는 국외에서 반포된 간행물에 게재되었거나 전기통신회선을 통하여 공중이 이용할 수 있는 발명

신규성 상실사유는 다음과 같다.

① 공지된 발명

비밀유지의무가 없는 자 즉, 불특정인이 널리 알 수 있는 상태에 놓여 있을 때 공지되었다고 한다. 이때 불특정인은 다수의 일반 대중을 의미하는 것은 아니다. 따라서 한 사람에게라도 공개된 경우 공지된 발명으로 취급된다. 그러나 다수인에게 비밀유지 상태가 해제되었더라도 그 다수인 모두에게 비밀유지의무가 있다면 공지된 발명이 아니다. 예를 들어, 학회지 등의 원고의 경우 원고가 접수되어도 그 원고가 공표될 때까지는 일반적으로 불특정인이 볼 수 있는 상태에 놓인 게 아니므로 공지된 발명으로 인정할 수 없다. 또한, 알 수 있는 상태에

놓이면 공개된 것으로 보며 불특정인이 발명의 내용을 알고 있을 것 즉, 인식했을 것을 요구하지 않는다. 즉, 공개된 상태에 있었으면 신규성을 상실하여 권리를 취득할 수 없다.

② 공연히 실시된 발명

공연 실시란 실시에 의해 불특정인에게 공연히 알려진 상태 또는 알려질 수 있는 상태에 놓인 것을 말한다. 이때 공연은 발명의 주요부에 대해 비밀상태가 해제된 것. 실시는 특허법 제2조 제3호의 실시를 말한다. 실시의 대표적인 사례는 사용이다.

③ 반포된 간행물에 게재된 발명

반포란 불특정인이 열람할 수 있는 상태에 놓여 있는 것을 의미한다. 따라서 반포하려고 인쇄하였으나 아직 반포에 이르지 못한 것이나, 반포를 위해 발송 중에 있거나, 열람실에 비치되지 않는 경우 등은 반포된 게 아니다. 그러나 도서관 열람실에 비치된 경우 아무도 이를 읽지 않았더라도 반포된 것으로 본다. 간행물은 인쇄 기타 기계적, 화학적 방법에 의하여 공개할 목적으로 복제된 정보성과 공개성이 있는 문서, 도면 등의 정보전달매체를 말한다. 게재는 통상의 기술자가 용이하게 실시할 수 있을 정도를 의미한다. 따라서 특징이 내부에 있는 발명에 대해 그 외형만 기재되어 있는 경우에는 게재된 것이라고 하지 않는다.

④ 전기통신회선을 통하여 공중이 이용 가능하게 된 발명

인터넷은 물론 전기통신회선을 통한 공중게시판, 이메일 등을 통하여 공개된 경우 역시 신규성을 상실한다. 그러나 일반적인 검색엔진에 의해 접근이 불가능한 경우, 암호를 부여하여 불특정인의 접근이 불가능한 경우, 그리고 접근을 위하여 과다한 요금을 요구하는 경우처럼 공중의 이용가능성이 없는 경우 주의해서 검토하여 공중이 이용가능한 경우로 확인되어야 신규성을 부정한다.

위와 같이 법으로 정해진 신규성 상실 사유에 근거해서 신규성 여부를 판단하는 판단기준에 대해 알아보자. 신규성 판단기준은 다음 그림과 같이 크게 객체적 기준, 시기적 기준, 그리고 지역적 기준으로 구분할 수 있다. 여기서 객체적 기준은 신규성을 판단하는 대상, 시기적 기준은 신규성을 판단하는 시점, 지역적 기준은 해당 기술의 공지여부를 어느 지역까지로 할 것인지를 나타낸다.

신규성 판단기준

객체적 기준	■ 특허청구범위의 청구항에 기재된 발명 vs 공지기술 ■ 하나의 공지기술(인용발명)과 대비하여야 하며, 복수의 공지기술을 조합하여 청구항에 기재된 발명과 대비하여서는 아니됨
시기적 기준	■ 특허출원 시(시각주의)
지역적 기준	■ 국내 또는 국외(국제주의)

신규성 판단의 객체적 기준은 특허 청구범위의 청구항에 기재된 발명과 공지기술을 비교하여 앞에서 설명한 상실사유가 있는지를 판단한다. 신규성 판단시에는 하나의 공지기술 즉, 인용발명과 대비해야지, 여러 가지 공지기술을 조합해서 청구항에 기재된 발명의 신규성이 없다고 해서는 안 된다. 시기적 기준은 특허출원시를 기준으로 판단하는 시각주의를 따르고 있으며, 공지기술인지 여부는 국내 또는 국외를 모두 포함하는 국제주의를 따른다. 즉, 다른 나라에 동일한 기술이 이미 있다면 국내에서 신규성을 상실한다.

3) 진보성

진보성이란 특허출원 전에 그 발명이 속하는 기술 분야에서 통상의 지식을 가진 자가 특허법에 규정된 공지기술로부터 용이하게 발명할 수 없는 것으로서, 발명이 특허로 등록되려면 주관적 창작성이 있어야 한다는 것을 말한다. 진보성이 없는 발명에 대하여 특허라는 권리를 부여하는 것은 산업발전에 도움이 되지 않고, 특허권의 난립으로 특허분쟁을 유발할 수 있으며, 창의적인 발명보다 남의 발명을 모방하려는 경향으로 발명의 질을 저하시킬 수 있기 때문이다.

진보성 판단기준은 다음 그림과 같이 주체적 기준, 객체적 기준, 시기적 기준, 그리고 지역적 기준으로 구분할 수 있다. 신규성과 다르게 주체적 기준이 포함되는데, 주체적 기준은 법령의 "통상의 지식을 가진자"에 대한 기준을 정의한다.

진보성 판단기준

주체적 기준	■ 당해 발명이 속하는 기술분야에서 통상의 지식을 가진 자 (통상의 기술자)
객체적 기준	■ 특허청구범위의 청구항에 기재된 발명 vs 공지기술 ■ 신규성 판단과는 달리, 복수의 공지기술 조합으로도 진보성 판단 가능
시기적 기준	■ 특허출원 시(시각주의)
지역적 기준	■ 통상의 기술자의 수준은 국내를 기준으로 함 ■ 다만, 공지기술 여부는 국내 또는 국외를 기준으로 함

주체적 기준은 해당 발명이 속한 기술 분야에서 통상의 지식을 가진 자의 입장에서 판단한다. 즉, 출원 시점에 해당 기술 분야의 기술상식을 보유하고 있고, 연구개발을 위하여 통상의 수단 및 능력을 자유롭게 구사할 수 있으며, 출원 시점을 기준으로 해당 기술수준에 있는 모든 것을 입수하여 자신의 지식으로 할 수 있는 가상의 인물을 말한다. 객체적 기준 즉, 무엇이 진보성을 가져야 하는지는 특허청구범위의 청구항에 기재된 발명과 공지 발명을 비교하여 판단한다. 진보성 여부를 판단할 때, 2가지 이상의 공지 기술을 조합하여 판단할 수 있다는 점에서 신규성과 차이가 있다. 즉, 이미 알려진 2가지 기술을 조합해서 쉽게 얻을 수 있는 발명이라면 새로울 수는 있으나 뛰어나다고 볼 수 없으므로 진보성을 부정한다. 시기적 기준은 특허출원시를 기준으로 판단하는 시각주의를 따르고 있으나, 출원일과 공개일이 동일인 경우에 시·분·초까지 고려한다. 공지기술인지 여부에 대한 명문의 기준은 없으나, 파리조약 특허독립의 원칙에 따라 국내로 한정하여 판단한다. 국내의 특정 기술 분야 통상의 기술자의 수준과 외국의 대응되는 기술 분야의 통상의 기술자의 수준이 다를 수 있기 때문이다. 다만, 통상의 기술자의 수준을 국내로 한정한다는 것이지 비교대상인 공지기술을 국내로 한정한다는 의미는 아님에 주의해야 한다.

4) 선출원주의

선출원주의는 동일한 발명에 대하여 2 이상의 특허출원이 있는 경우, 가장 먼저 특허출원한 자에게 특허를 허여하는 주의를 말한다. 하나의 발명에 대해서는 하나의 특허권을 부여한다는 1발명 1특허 원칙, 즉 중복특허배제의 원칙을 구현하기 위한 제도로 이해하면 된다.

선출원주의의 판단기준은 다음 그림과 같이 객체적 기준, 시기적 기준, 그리고 지역적 기준으로 구분할 수 있다.

판단기준

객체적 기준	■ 선출원과 후출원의 특허청구범위에 기재된 발명을 청구할별로 판단
시기적 기준	■ 특허출원일
지역적 기준	■ 국내

객체적 기준은 발명의 동일성 판단 기준이다. 선출원주의는 동일한 발명에 대한 권리를 다투는 것이므로 먼저 동일성을 판단해야한다. 동일성은 특허청구범위의 청구항에 기재된 발명을 상호 대비하여 구성요소가 동일한지 여부를 판단한다. 시기적 기준은 출원한 날짜를 기준으로 한다. 즉, 같은 날 출원하면 시, 분, 초를 따지지 않고 동일 즉, 같은 날 출원으로 판단한다. 지역적 기준은 국내로 한정한다.

선출원주의의 내용에 대해 알아보자. 이일 출원 즉 다른 날 출원인 경우 먼저 출원한 자만이 특허를 받을 수 있다. 문제는 동일 출원의 경우인데, 이때는 특허출원인의 협의에 의하여 정하여진 하나의 특허출원인만이 그 발명에 대하여 특허를 받을 수 있으며, 협의가 성립하지 아니하거나 협의를 할 수 없는 경우 어느 누구도 그 발명에 대하여 특허를 받을 수 없다. 특허청장은 특허출원인에게 기간을 정하여 협의의 결과를 신고할 것을 명하며, 그 기간 내에 신고가 없는 때에는 협의는 성립되지 아니한 것으로 본다. 즉, 누구나 사용할 수 있는 발명이 된다. 1발명 1특허 원칙을 지킬 수 있고 공익에도 기여한다. 또한, 먼저 출원했더라도 무효, 취하 또는 포기되거나 거절결정이 확정된 출원이거나 무권리자 출원인 경우 선출원의 지위가 없어진다.

선출원주의에 대응되는 것으로 선발명주의가 있다. 선발명주의는 출원과 무관하게 먼저 발명한 사람에게 권리는 주는 제도로, 발명자를 보호하기는 좋으나 기술의 공개가 지연될 수 있고, 권리인을 판단하기가 어려울 수 있으므로 대부분의 국가가 선출원주의를 채택한다.

5) 확대된 선출원주의

확대된 선출원주의는 특허출원한 발명이 그 발명의 특허를 출원한 날 전에 특허출원하여 그 발명의 특허출원을 한 후에 출원이 공개되거나 등록이 공고된 다른 특허출원의 출원서에 최초로 첨부된 명세서 또는 도면에 기재된 발명과 동일한 경우에는 특허를 받을 수 없도록 하는 제도이다. 즉, 특허출원의 특허청구범위에 기재된 발명이 다른 출원의 최초 명세서 또는 도면에 기재된 발명과 동일한 경우라면 사실상 새로운 기술을 공개하는 것이 아니므로 선출원의 권리가 인정되지 않는다. 다른 출원의 특허청구범위에는 기재되지 않았더라도 발명의 상세한 설명에 기재된 발명은 다른 출원의 출원인이 공중으로 하여금 자유롭게 실시할 수 있게 한 자유기술의 영역이므로 이 영역의 발명에 권리를 주기 않겠다는 취지다.

다음은 선출원주의와 확대된 선출원주의를 비교한 표를 나타낸다.

<table>
<tr><th colspan="5"></th><th>선출원 주의</th><th>확대된 선출원의 지위</th></tr>
<tr><td rowspan="2">서서</td><td colspan="4">의의</td><td>동일한 발명에 대하여 2 이상의 특허출원이 있는 때에 가장 먼저 특허출원한 자에게 특허를 허여하는 주의를 말한다.</td><td>특허출원한 발명이 당해 특허출원을 한 날 전에 특허출원 또는 실용인인등록출원하여 당해 특허 출원을 한 후에 출원공개되거나 등록공고된 타특허출원 또는 실용신안등록출원의 출원서에 최초로 첨부된 명세서 또는 도면에 기재된 발명 또는 고안과 동일한 경우에는 특허를 받을 수 없도록 선출원의 지위를 부여하는 것을 말한다.</td></tr>
<tr><td colspan="4">취지</td><td>발명조기공개, 중복특허금지, 권리의 안정성</td><td>선출원주의의 단점 보완, 출원공개제도와 심사청구제도의 효율적 운영, 방어출원의 감소</td></tr>
<tr><td rowspan="8">판단</td><td rowspan="8">기준</td><td rowspan="2">주체적</td><td colspan="2">판단자</td><td colspan="2">심사단계 → 심사관, 심판단계 → 심판관합의체 → 특허법원 → 법관</td></tr>
<tr><td colspan="2">발명자
·
출원인 동일</td><td>동일여부에 관계없이 적용</td><td>발명자나 당해 출원시 출원인이 동일한 경우에는 부적용</td></tr>
<tr><td rowspan="6">객체적</td><td colspan="2">범위</td><td colspan="2">청구항별로</td></tr>
<tr><td colspan="2">대상</td><td>선 · 후출원의 특허청구범위</td><td>타(선)출원의 최초 명세서 · 도면과 당해(후)출원의 특허청구범위</td></tr>
<tr><td rowspan="2">보정
보정</td><td>삭제</td><td>선출원의 지위 불인정</td><td>최초 명세서 · 도면에 기재되어 있으면 인정</td></tr>
<tr><td>추가</td><td>선출원의 지위 인정</td><td>최초 명세서 · 도면에 기재되어 있지 않으면 불인정</td></tr>
<tr><td colspan="2">분할 · 변경 · 출원</td><td>원출원일로 출원일이 소급</td><td>분할 · 변경출원이 타출원에 해당하는 경우 분할 · 변경출원일을 기분으로 확대된 선출원의 지위 인정</td></tr>
<tr><td colspan="2">무효 · 취하 · 포기 · 거절
결정 확정</td><td>선출원의 지위 불인정</td><td>무효 · 취하 · 포기 · 거절결정확정 전 출원공개 · 등록공고되었으면 확대된 선출원의 지위 인정</td></tr>
</table>

				선출원 주의	확대된 선출원의 지위
			무권리자		무권리자의 출원이 출원공개 · 등록공고되었으면 제3자에 대해서는 확대된 선출원의 지위를 인정하나, 정당권리자에 대해서는 발명자가 동일하기 때문에 확대된 선출원의 지위를 불인정
		시기적	동일출원	협의제, 협의명령에 의하여 정하여진 하나의 출원인만이 특허 가능	적용하지 않음(∵ 당해 특허출원을 한 날 전의 해석결과)
			출원공개 · 등록공고	출원공개·등록공고여부와 관계없이 적용	타출원이 출원공개 · 등록공고 된 경우에 한해 확대된 선출원의 지위를 인정
	방법			동일성 판단	

출처, "특허법, 이론과 실체, 임병웅, 특허청 국제지식재산연수원"

6) 불특허발명

불특허발명은 특허를 받을 수 없는 발명을 말한다. 발명이 법으로 정한 요건을 갖추면 특허권을 부여하는 것이 마땅하지만 국가와 사회의 공익이나 국가의 산업 관련 정책에 따라 제한할 필요가 있을 수 있다. 이에 특허법은 특허를 받을 수 없는 발명을 명문으로 규정하여 제한한다.

불특허발명에 대한 특허법의 규정은 다음과 같다.

특허법 제32조(특허를 받을 수 없는 발명)
공공의 질서 또는 선량한 풍속을 문란하게 하거나 공중의 위생을 해할 염려가 있는 발명에 대하여는 제29조제1항 및 제2항의 규정에 불구하고 특허를 받을 수 없다.

공공의 질서 또는 선량한 풍속을 공서양속이라 하는데, 이를 문란하게 할 염려가 있는 발명은 국가사회의 일반적인 이익이나 사회의 일반적 혹은 도덕적 관념을 해할 수 있기에 권리를 제한하며 공중의 위생을 해할 염려가 있는 발명 역시 같은 이유로 제한한다.

공서양속 위반 발명의 사례

- 女體에 해를 미칠 염려가 있는 피임기구 같이 유용한 효과가 있는 발명이라고 하더라도 이를 사용할 때 공서양속을 해할 염려가 있는 경우
- 아편흡입기구, 위조지폐 제조기구 등 같이 발명의 본래 목적이 사회질서를 해할 염려가 있는 발명으로서 실제 해하지는 않더라도 해할 개연성이 있는 경우
- 방법발명의 경우 그 방법 자체가 공서양속에 반하는 것은 아니지만 그 방법에 의하여 제조된 물건이 이에 해당될 염려가 있는 경우
- 어린이의 신체에 유독한 물질을 함유한 장난감, 유해물의 허용량을 초과하는 화장품 등

공중의 위생을 해할 염려가 있는 발명의 사례

- 물건발명 자체가 공중의 위생을 해할 염려가 있는 경우뿐만 아니라 공중의 위생을 해할 염려가 있는 제법발명

불특허발명의 판단시기는 특허여부결정시로 한다. 이는 공서양속의 개념이 사회변화에 따라 달라질 수 있으므로 출원시에 공서양속에 반하는 것이 특허여부결정시에 사회통념상 공서양속에 반하지 않게 되면 다른 거절 사유가 없는 한 권리를 부여한다. 공서양속 및 공중의 위생에 위반되는지 여부는 특허출원에 대한 심사절차 내에서 판단하는 것이지, 다른 법에 의하여 인가나 허가를 받았다고 무조건 특허를 받을 수 있는 것은 아니다. 반대로 제품의 판매가 국내법이나 계약이나 제한을 받고 있음을 근거로 하여 특허의 부여를 거절하거나 또는 무효로 할 수 없다.

조약

조약이란 나라와 나라 사이에 맺은 법적 구속력을 가지는 약속이다. 조약은 국가가 의회 등을 통해 비준하면 그 국가의 법이 된다. 특허에 관한 국제적 조약으로 파리 조약, 특허협력조약이 있으며 기타 다양한 다자 간 은 양자 간 조약이 있다. 특허협력조약(PCT)은 지식재산분야에서의 세계적인 규범으로 1970년에 체결된 국제적인 특허 법률 조약으로 1970년 6월 19일 워싱턴에서 체결되었고 1978년 1월 24일 발효 및 시행되었다. 대한민국은 1984년

8월 10일에 PCT에 가입하였고, 1999년 12월 1일부터 세계 10번째의 PCT 국제조사기관 및 세계 9번째의 국제예비심사기관으로 지정되어 심사업무를 수행하고 있다.

특허가 성립하기 위해서는 조약에 위반되지 않아야 한다.

절차적 요건

발명에 대한 특허권을 획득하기 위해서는 발명의 상세한 설명에서 그 발명의 배경이 되는 기술을 기재할 것을 포함하여 다양한 절차적 요건 역시 갖추어야한다. 절차적 요건의 세부사항에 대해서는 다음 장에서 다룬다.

12. 특허의 출원과 등록

발명의 성립요건을 갖춘 발명에 대해 특허를 받을 수 있는 권리를 가진 자는 일정한 절차를 거쳐 특허를 등록함으로써 권리를 획득한다. 특허에 관한 일반적인 절차는 다음과 같다.

특허에 관한 일반적인 절차

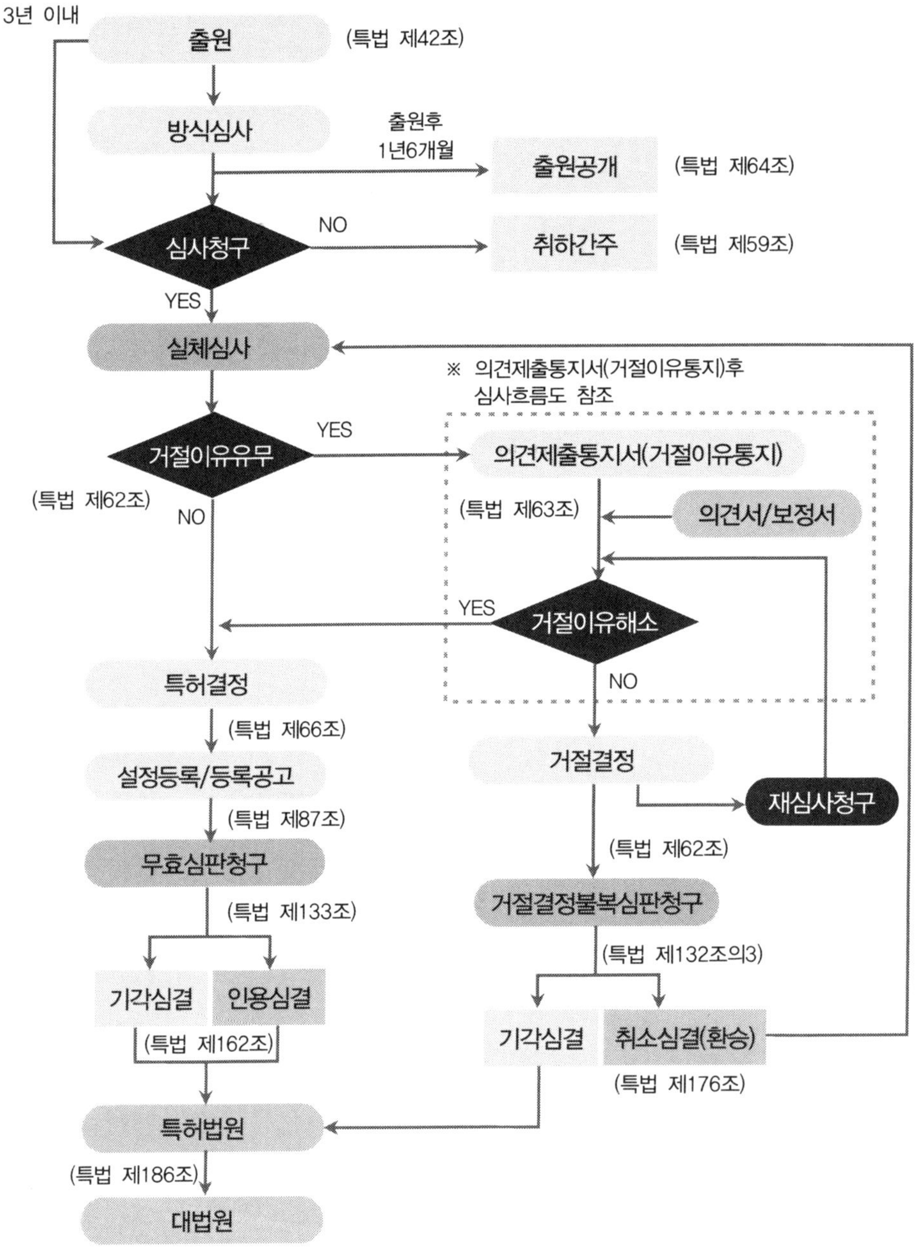

출처, 특허청(http://www.kipo.go.kr)

출원

특허권을 취득하여 등록하는 절차는 특허출원으로부터 시작한다. 특허출원은 특허를 받을 수 있는 권리를 가진 자가 그 발명의 공개를 전제로 특허청에 특허를 받고자 하는 의사를 객관적으로 표시하는 행위를 말한다. 특허권을 취득하고자 하는 사람이 출원인인데, 출원인이 출원서류를 제출하면 접수번호가 부여되며, 그 접수번호를 부여받은 날의 다음날까지 수수료를 납부하면 특허청장 등이 방식심사를 하게 된다. 방식심사란 특허청장 등이 출원인 제출한 출원서류를 수리할 것인지 여부를 심사하는 것을 말한다. 특허청장 등은 방식심사 결과 제출된 서류에 흠결이 있으면 절차의 무효나 반려(불수리) 처분을 하게 된다.

방식심사

방식심사는 특허청장 등이 출원인 혹은 대리인의 절차능력, 제출된 서류의 기재방식 및 첨부한 서류, 수수료 납부사항 등 절차에 대한 흠결 유무를 심사하는 것을 말한다. 특허청장 등은 방식심사를 통해 출원인 등이 제출한 서류의 수리 여부를 결정하게 된다. 이와 같은 방식심사는 특허요건 등을 심사하는 실체심사와는 구분되는 개념으로서 특허에 관한 제반절차에서 행해지는데, 이와 같이 출원인 혹은 청구인 등에게 일정한 방식에 의해 절차를 밟도록 요구하는 것을 방식주의라하며, 특허에 관한 방식과 절차를 통일함으로써 특허행정을 원활하게 수행할 수 있다.

방식심사의 내용은 다음과 같이 요약할 수 있다.

<table>
<tr><th colspan="2">구분</th><th>내용</th></tr>
<tr><th colspan="2">흠결이 없는 경우</th><th>출원일자 인정</th></tr>
<tr><td rowspan="2">흠결이 있는 경우</td><td>보정가능한 경미한 흠결의 경우</td><td>1. 출원일자 인정 후 보정명령
2. 출원인의 보정서 제출
3. 보정에 의해 하지가 치유된 경우 – 소급효
4. 보정에 의해 하자가 치유되지 않는 경우 – 당해 보정을 명한 출원절차를 무효(재량)</td></tr>
<tr><td>보정불가능한 중대한</td><td>1. 출원일자 인정하지 않고 소명기회 부여
2. 출원인의 소명서 제출</td></tr>
</table>

구분		내용
흠결이 없는 경우		출원일자 인정
	흠결의 경우	3. 소명에 의해 하지가 치유된 경우 – 처음 서류를 제출한 때를 기분으로 출원일자 인정 4. 보정에 의해 하자가 치유되지 않는 경우 ① 반려요청한 경우 – 소명기간 내라도 즉시 당해 소명기회를 준 출원서류를 불수리(기속) ② 반려요청을 하지 않은 경우 – 소명기간 경과 후 당해 소명기회를 준 출원서류를 불수리(기속)
보정가능한 경미한 흠결(예시)		1. 특허법 제3조 제1항의 행위능력이 없는 자가 특허에 관한 절차를 밟는 경우 2. 특허법 제6조의 대리권의 범위에 흠결이 있는 경우 3. 법령이 정하는 방식에 위반된 경우 – 발명이 명칭이나 발명자의 성명 및 주소를 기재하지 않는 경우 – 도면이 첨부되었음에도 불구하고 도면의 간단한 설명을 기재하지 않는 경우 – 요약서를 제출하지 않거나 요약서의 기재가 부적법한 경우 4. 특허법 제82조의 규정에 의하여 납부하여야 할 수수료를 납부하지 아니한 경우
보정불가능한 중대한 흠결 (예시)		1. 1건마다 서면을 작성하지 아니한 경우 2. 출원 또는 서류의 종류가 불명확한 것인 경우 3. 특허에 관한 절차를 밟는 자의 성명(법인의 경우에는 명칭) 4. 국어로 기재되지 아니한 경우 5. 출원서에 명세서(명세서에 발명의 상세한 설명이 기재되어 있지 아니한 경우를 포함한다)를 첨부하지 아니한 경우 6. 특허청구범위를 기재하지 아니한 명세서를 특허출원서에 첨부하여 특허출원한 분할출원, 변경출원 및 정당한 권리자의 출원으로서 그 특허출원 당시에 이미 출원일(우선권주장출원의 경우 최선출원일)로부터 1년 6월이 경과한 경우 7. 재외자가 특허관리인에 의하지 아니하고 제출한 특허출원, 특허권의 존속기간의 연장등록출원 또는 심판에 관한 서류·견본 그 밖의 물건(이하 "출원서류 등"이라 한다)인 경우 8. 정보통신망이나 전자적 기록매체로 제출된 특허출원서 또는 기타의 서류가 특허청에서 제공하는 소프트웨어 또는 특허청 홈페이지를 이용하여 작성되지 아니하였거나 전자문서로 제출된 서류가 전산정보처리조직에서 처리가 불가능한 상태로 접수된 경우 9. 전자적 이미지의 첨부서류가 판독이 곤란하여 해당서류를 서면으로 제출하라는 명령을 받고 이를 기간 내에 제출하지 아니한 경우 10. 특허절차를 밟는 자의 국적·법인증명서류 등의 제출명령을 받고 소명기간 내에 제출하지 아니한 경우(施規 8)

출처, "특허법, 이론과 실체, 임병웅, 특허청 국제지식재산연수원"

출원공개

특허출원된 내용에 대하여 출원인 등의 심사청구 유무와 관계없이 출원일로부터 1년 6월이 경과한 때 또는 특허출원일부터 1년 6월이 경과하기 전이라도 출원인의 신청이 있는 때에는 그 특허출원에 관하여 특허공보에 게재하여 사회일반에 공표한다.

이러한 제도를 특허출원공개제도라 부른다. 특허출원공개제도는 특허를 출원한 후 상당한 기간 발명이 일반 사람들에게 공표되지 않는 경우 특허공보의 기술 문헌으로서의 가치가 없어질 뿐만 아니라, 해당 발명과 동일한 발명에 대해 다른 사람이 중복 하여 투자 또는 연구를 하는 일이 발생할 수 있다. 이러한 공익적 낭비를 줄이고 발명을 조기에 공개시켜 기술문헌으로서 다른 사람이 이용하게 함으로써 산업발전을 촉진할 수 있다.

출원 내용을 공개하는 순간 보상금청구권이 발생된다. 보상금청구권은 특허출원인이, 출원공개가 있는 후 경고를 받거나 출원이 공개된 발명임을 알고 그 특허출원된 발명을 업으로 실시한 사람에게 그 경고를 받거나 출원공개된 발명임을 인식한 때부터 특허권의 설정등록시까지의 기간동안 그 특허발명의 실시에 대하여 통상 받을 수 있는 금액에 상당하는 보상금의 지급을 청구할 수 있는 권리를 말한다. 특허법은 특허출원된 발명의 내용을 공개시켜 일반 공중이 투자나 연구를 중복하는 것을 방지하도록 하는 대신, 공개된 발명에 대해 제3자의 모방이나 도용에 의해 출원인의 이익이 손실되는 경우 그 이익을 보전하기 위해 보상금청구권을 인정한다. 또한 공개된 발명은 공지기술로서 활용되어 일반 대중은 출원공개된 발명을 기술정보로서 이용하여 중복투자 및 중복연구를 방지할 수 있으며, 심사관은 출원공개 전 후출원에 대해서는 확대된 선출원의 지위에 의해, 출원공개 후 후출원에 대해서는 공지기술의 지위에 후출원의 등록을 금지시킬 수 있다.

심사청구

심사청구제도란 출원과 심사를 분리하여 출원일로부터 5년 이내에 심사청구가 있는 특허출원에 대하여만 심사청구의 순서에 따라 심사하는 제도를 말한다. 이는 특허출원마다의 목적과 발명의 국가 사회적 가치가 동일하지 않을 수 있다는 경험적 사실에 기초하여 특허권을 취득하고자 하는 특허출원만을 선택적으로 심사함으로써 심사대상을 감소시켜 심사를 촉진시키기 위해 심사청구제도를 두고 있다. 즉, 특허출원 후 심사 청구를 하지 않으면 그 특허는 공개가 되므로 동일한 기술은 누구에게도 특허권을 줄 수 없는 공지기술이 된다.

일반적 생각과 다르게 특허심사청구는 누구든지 할 수 있다. 그 이유는 i)특허출원에 관련된 기술을 실시하려는 자는 그 특허출원의 특허여부에 대해 지대한 관심이 있으므로 출원인이 심사청구 할 때까지 기다리게 하는 것은 불합리하고 ii) 심사청구는 단순한 실체심사의 개시요건에 지나지 않으므로 제3자에게 심사청구권을 인정하였다고 하여 당사자로서의 지위를 인정하는 것은 아니기 때문이다(特許법 59②본문). 다만, 출원인이 특허출원할 때 명세서에 특허청구범위를 기재하지 않은 경우 특허청구범위가 기재된 명세서가 첨부된 때에 한하여 출원심사의 청구를 할 수 있다. 2007년 개정된 개정법에서는 특허출원할 때 특허청구범위의 기재를 유예하여 출원인에게 신속한 출원을 할 수 있도록 하고 출원인이 심사청구하는 경우 특허청구범위를 기재하도록 함으로써, 특허권 취득 후의 이용전략을 충분히 검토하여 효과적인 특허청구범위를 작성할 수 있는 기회를 주고 있다.

특허출원의 심사청구시 출원발명이 특허청에 적법하게 출원계속 중이어야 한다. 즉 출원이 취하, 포기 또는 무효된 경우에는 당연히 심사청구의 대상이 될 수 없다. 특허출원에 관한 심사의 청구는 특허출원일로부터 5년 이내에 할 수 있다. 출원인의 입장에서 보면 기술적·경제적으로 무가치한 출원의 심사청구를 억제할 수 있도록 충분한 고려기간이 필요하다. 그러나 그 심사청구기간을 너무 길게 하면 출원발명의 권리화 여부가 불확실해지게 되어 산업계의 불안정한 상태가 오랫동안 계속되는 문제점이 있기 때문에 출원일로부터 5년으로 규정하고 있다.

정해진 기간 내에 심사청구가 있는 경우 심사가 진행되어 심사청구의 순서에 따라 실체심사가 이루어진다. 만일 기간 내에 심사청구가 없는 경우 그 특허출원은 취하한 것으로 본다. 이는 출원일로부터 5년 이내 심사청구가 없는 출원에 대해서는 출원인이 더 이상 특허를 받으려고 하는 의사가 없는 것으로 인식하고 이를 정리하고자 함이다. 특허출원이 취하된 것으로 간주되는 경우 선출원의 지위가 없어지지만, 일반적으로 특허청장에 의해 특허출원이 공개되므로 동일한 발명을 후출원하는 경우에는 신규성이나 확대된 선출원의 지위 위반으로 특허를 받지 못할 것이다.

실체심사

출원인 혹은 제3자 등에 의해 심사청구가 이루어지면 실체심사가 진행된다. 앞 장에서 다루었던 산업상이용가능성, 신규성, 진보성 등 주요한 특허의 성립요건이 검토된다. 실체심사의 개략적인 흐름은 다음과 같다.

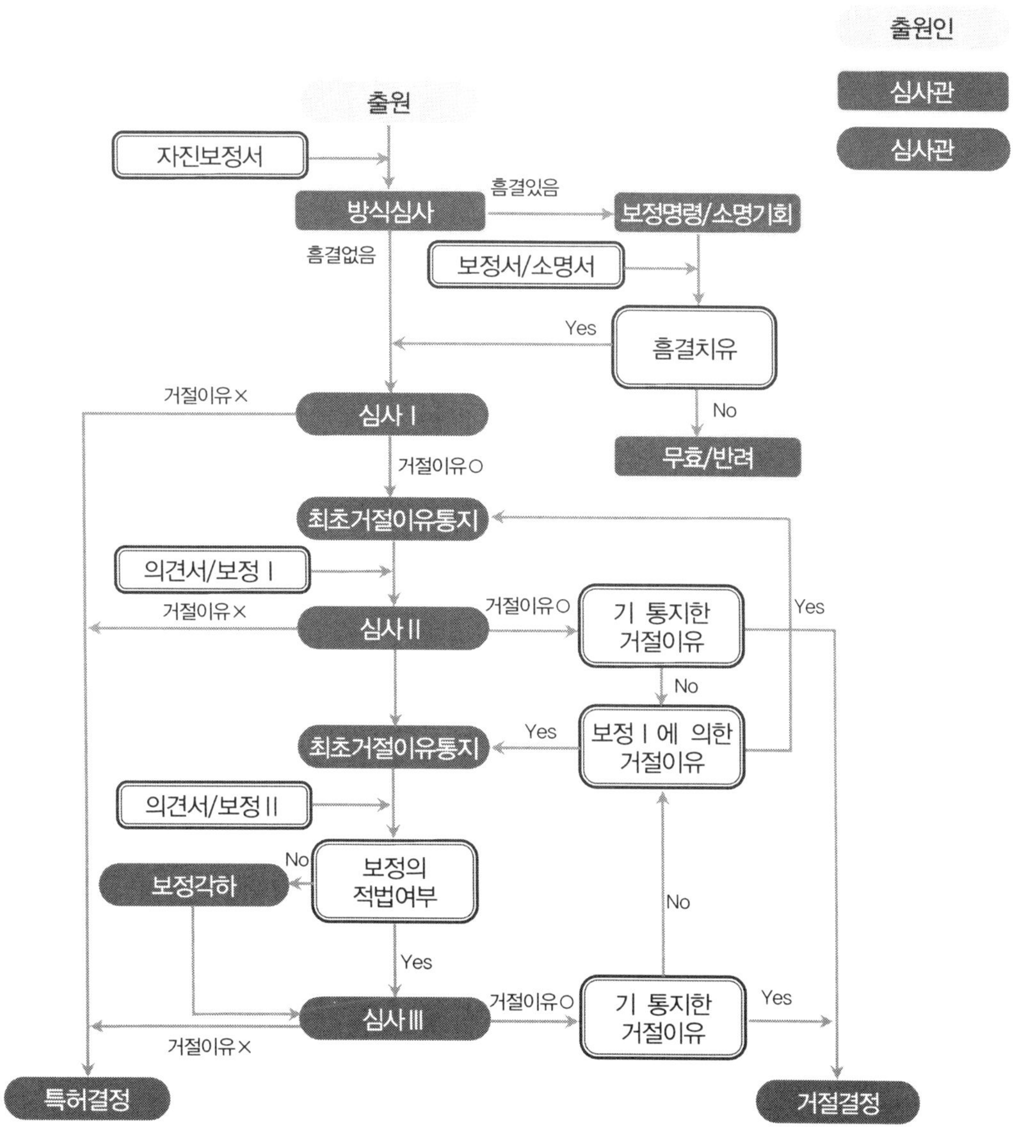

출처, "특허법, 이론과 실체, 임병웅, 특허청 국제지식재산연수원"

1) 심사 I 단계

출원인은 특허결정의 등본을 송달하기 전과 최초거절이유를 송달받기 전에 스스로 명세서나 도면을 보정할 수 있다. 자진보정에 의해 보정된 명세서 또는 도면을 심사하여 거절이유가 없는 경우 특허결정하고, 거절이유를 발견한 경우 최초거절이유를 통지한다.

2) 심사 II 단계

〈보정이 없는 경우〉

- 보정이 없는 경우 의견서 등을 참조하여 최초거절이유통지서 발송시 심사한 명세서로 재심사한다. 그 결과 거절이유가 없는 경우에는 특허결정한다.
- 거절이유가 있는 경우 그 거절이유 중 하나라도 최초거절이유통지시 지적한 거절이유인 경우에는 거절이유를 해소하지 못하였으므로 거절결정하고, 그 거절이유가 최초거절이유통지시 있었으나 지적하지 않는 거절이유인 경우에는 최초거절이유를 다시 통지한다.

〈보정이 있는 경우〉

- 보정이 있는 경우에는 의견서 등을 참조하여 보정내용을 반영한 보정명세서로 재심사한다. 그 결과 거절이유가 없는 경우에는 특허결정한다.
- 거절이유가 있는 경우 그 거절이유 중 하나라도 최초거절이유통지시 지적한 거절이유인 경우에는 거절이유를 해소하지 못한 것으로 하여 거절결정하고, 그 거절이유가 최초거절이유통지시 있었으나 지적하지 않는 거절이유가 있는 경우 또는 보정 I 에 의하여 발생한 거절이유와 최초거절이유통지시 있었으나 지적하지 않는 거절이유가 동시에 있는 경우에는 최초거절이유를 통지 하며, 그 거절이유가 보정 I 에 의하여 발생한 거절이유인 경우에는 최후거절이유를 통지한다.

심사 III 단계

〈보정이 없는 경우〉

- 최후거절이유에 대응한 보정이 없는 경우에는 의견서 등을 참조하여 최후거절이유통지서 발송시 심사한 명세서로 재심사한다. 그 결과 거절이유가 없는 경우에는 특허결정한다.
- 거절이유가 있는 경우에는 그 거절이유 중 하나라도 최초 또는 최후거절이유통지시 지적한 거절이유인 경우에는 거절이유를 해소하지 못하였으므로 거절결정하고, 그 거절이유가 최초거절이유통지시 있었으나 지적하지 않는 거절이유이거나, 보정 I 에 의하여 발생한 거절이유이나 최후거절이유통지시 지적하지 않는 거절이유와 최초거절이유통지시 있었으나 지적하지 않는 거절이유가 동시에 있는 경우에는 최초거절이유를 통지하며, 그 거절이유가 보정 I 에 의하여 발생한 거절이유이나 최후거절이유통지시 지적하지 않는 거절이유인 경우에는 최후거절이유를 통지한다.

〈보정이 있는 경우〉

- 최후거절이유통지에 대응한 보정이 있는 경우에는 보정요건을 판단하여 보정요건을 충족한 경우 보정Ⅱ를 반영한 보정서로 재심사하며, 심사절차는 보정이 없는 경우의 심사와 같다.
- 보정요건을 만족하지 못한 경우에는 보정서를 보정각하한다. 보정각하 후 심사는 최후거절이유통지시 심사한 명세서로 심사하며, 심사절차는 보정이 없는 경우의 심사와 같다.

심사관은 출원을 심사한 결과 그 출원이 특허법 제62조 각 호의 어느 하나에 해당되어 특허를 허여할 수 없어 거절결정을 하고자 할 때에는 특허출원인에게 거절이유를 통지하고 기간을 정하여 의견서를 제출할 수 있는 기회를 주어야 한다. 다음은 거절이유를 나타낸다.

구분	내용
특허를 받을 수 있는 자	■ 외국인으로서 특허에 관한 권리를 향유할 수 없는 자에게 특허가 부여된 경우(特許法 25) ■ 무권리자(特許法 33①본문) 또는 무권리자는 아니지만 특허를 받을 수 없는 자(特許法 33①단서)가 출원한 경우 ■ 특허를 받을 수 있는 권리가 공유인 경우에 공유자 전원이 공동으로 출원하지 않는 경우(特許法 44)
특허를 받을 수 있는 발명	■ 특허요건(산업상 이용가능성, 신규성, 진보성, 소위 확대된 선출원의 지위)에 위반된 경우(特許法 29) ■ 선출원 규정(特許法 36①내지③)을 위반한 경우
특허를 받을 수 없는 발명	■ 공서양속에 위반되거나 공중의 위생을 해할 염려가 있는 경우(特許法 32)
특허를 받을 수 있는 출원	■ 발명의 상세한 설명의 기재불비(特許法 42③) ■ 특허청구범위 기재불비(特許法 42④⑧) ■ 1특허출원의 범위(特許法 45)에 규정된 요건을 갖추지 아니한 경우 ■ 범위를 벗어난 보정인 경우(特許法 47②) ■ 범위를 벗어난 분할출원인 경우(特許法 52①) ■ 범위를 벗어난 변경출원인 경우(特許法 53①)
조약에 위반된 경우	특허제도의 국제화 경향에 따라 조약, 협정, 약정 등은 특허실체법의 중요한 부분을 구성하고 있으므로 조약 등에 위반되는 경우를 거절이유로 하고 있다.

출처, "특허법, 이론과 실체, 임병웅, 특허청 국제지식재산연수원"

심사관이 거절이유가 있다고 판단하면 최초 또는 최후거절이유를 통지한다. 최초거절이유통지는 특허법의 규정에 의한 거절이유통지를 최초로 받거나 최후거절이유통지가 아닌 거절이유통지를 말한다. 최후거절이유통지가 아닌 거절이유통지란 특허출원한 발명이 원시적으로 거절이유가 존재하는데 심사관이 이를 간과한 후 나중에 발견한 경우에 해당 거절이유에 대해 심사관이 통지하는 것을 말한다. 최후거절이유통지란 최초거절이유통지에 대한 보정에 의하여 발생한 새로운 거절이유에 대한 거절이유통지를 말한다. 특허출원에 대하여 거절이유를 통지할 때는, 그 통지서에 거절되는 청구항을 명시하고 그 청구항에 관한 거절이유를 구체적으로 기재하여야 한다. 인용발명의 경우 우리나라의 특허공보나 실용신안등록공보, 외국의 특허명세서나 초록, 국제특허출원에 대한 국제사무국이 발행한 공보, 정기간행물, 부정기간행물 및 카탈로그, 단행본 등을 간행물로 기재할 수 있으며, 일부를 인용하는 경우에는 인용하는 면을 정확히 기재한다.

특허결정

실체심사를 마치면 심사관은 특허의 허여 여부를 결정한다. 즉, 특허결정 또는 특허거절결정을 한다. 특허거절결정을 받으면 불복 절차를 진행하고, 특허결정되면 특허료를 납부하여 특허권을 설정등록함으로써 독점·배타적인 권리가 발생한다. 특허청장은 설정등록 사실을 등록공고하여 세상에 알린다.

심사관은 거절이유통지에 의하여 제출된 의견서 및 보정서에 의해서도 통지한 거절이유가 해소되지 않는 것으로 인정되는 경우에는 특허거절결정을 한다. 구체적으로, 거절이유가 동일한 경우에는 2번의 거절이유통지를 하지 아니하고 거절결정을 한다. 특히, 심사관은 특허출원에 있어서 특허청구 범위에 2이상의 청구항이 있고, 하나의 청구항이라도 거절이유가 해소되지 못한 경우에는 출원 전체를 특허거절결정해야 한다.

특허거절결정을 받은 자가 이에 대해 불복할 때에는, 최초 거절결정등본을 송달받은 경우에는 그 날로부터 30일 이내 재심사 청구와 거절결정불복심판의 청구 중 어느 하나를 할 수 있으며, 필요한 경우 분할출원, 변경출원을 할 수 있다. 또한 재심사단계에서 거절결정등본을 송달받은 경우에는 그 날로부터 30일 이내 분할출원이나 거절결정불복심판을 청구할 수 있다.

심사관이 특허출원을 심사한 결과 거절이유를 발견할 수 없는 경우, 거절이유통지를 하고 그에 의하여 제출된 의견서 및 보정서에 의하여 재심사한 결과 거절이유통지서에 지적한 거절이유가 해소되고 그 이외의 새로운 거절이유를 발견할 수 없는 경우, 특허거절결정불복심판청구에 의한 환송심결에 따라 심사국으로 이송된 출원을 심사한 결과 거절이유를 발견할 수 없는 경우에는 심사관은 특허결정을 한다.

특허청장은 출원인이 특허결정등본송달일로부터 3개월 내에 최초 3년분의 특허료를 납부한 경우에 직권으로 특허등록을 하게 된다. 독점·배타권인 특허권은 설정등록에 의하여 발생한다. 그러므로 특허권의 설정등록이 있으면 특허출원인은 특허권자가 되고 출원발명은 특허발명이 된다.

특허청장은 특허권 설정등록이 있는 때에는 그 특허에 관하여 특허공보에 게재하여 등록공고를 하여야 한다. 등록공고란 심사를 거쳐 특허가 확정된 발명의 내용을 일반에게 공표하여 침해하지 않도록 유도함으로써 특허분쟁을 미연에 방지하기 위한 절차를 말한다.

13. 출원서 작성과 전자출원

특허출원을 위해서는 특허출원서, 발명의 상세한 설명과 청구범위를 포함하는 명세서, 요약서와 필요한 도면을 첨부하도록 법으로 규정하고 있다. 여기서는 이러한 출원서 작성 및 전자출원에 대해 알아본다. 전자출원은 출원서 작성, 제출, 심사, 등록 등 일체의 절차를 온라인으로 처리하는 서비스다.

선행기술 조사

특허발명을 설정등록하여 특허권을 인정받기 위해서 출원인은 특허출원서를 제출한 후 방식심사, 실체심사등의 과정을 거쳐야 한다. 이 과정에서 나타나는 모든 관련 정보를 특허정보라 한다. 특허정보는 기술개발, 기술동향, 기술예측, 기술 전략수립, 특허권의 권리범위 파악, 회피설계, 라이센싱 등에 활용할 수 있는 많은 정보를 담고 있다. 특히 특허정보는 데이터베이스 구축이 잘 되어 있어 광범위한 과학기술분야 정보의 수집 및 입수가 용이하며, 세계적으로 통일된 분류(IPC)와 통일된 기재양식(INID 항목)을 사용하고 있어 검색이 수월하며, 특허명세서 작성원칙에 따라 실시 가능할 정도로 기술의 내용이 구체적이며, 특허로 등록되지 못한 많은 기술들도 공개되어있어 활용도가 매우 높다.

특허출원을 (또는 특허출원과 무관하게 신기술을 이해하기) 위해 이러한 선행특허와 관련된 특허정보를 조사하는 것이 선행기술조사이다. 즉, 특허등록 과정을 선행기술조사에서 시작된다고 할 수 있다. 선행기술의 조사는 신기술 개발을 위한 기초자료 입수를 위한 조사, 특허출원 전 권리획득 가능성 검토를 위한 조사, 특허분쟁에 대처하기 위한 증거자료를 입수하기 위한 조사로 구분할 수 있다. 다음은 이러한 선행기술조사의 목적과 내용을 나타낸다.

목적	세부내용	종류
신기술(제품)개발을 위한 기초자료 입수	■ 관련기술분야의 개발흐름을 파악 ■ 연구개발테마를 선정하거나 미래기술예측 ■ 중복연구 및 중복투자 방지 ■ 기술개발시 문제점 해결을 위한 아이디어 입수 ■ 타사의 기술개발 동향 파악	■ 서지사항조사 ■ 특정기술분야조사
특허출원 전 권리획득 가능성 검토	■ 특허취득 가능성판단 및 기술적 범위의 확인 ■ 무용한 특허출원지양	■ 특허성조사 ■ 계속조사
특허분쟁에 대처하기 위한 증거자료 입수	■ 자사의 실시기술에 대한 공지기술확보 ■ 타사 보유 특허조사로 특허분쟁 사전 예방 ■ 침해가능 특허에 대한 회피 설계 가능여부 파악 ■ 자사의 특허망 형성에 이용 ■ 특허권 소멸여부 확인	■ 양수도조사 ■ 유효성조사 ■ 침해조사 ■ 권리소멸조사 ■ 무효자료조사 ■ 계속조사

출처, "특허법, 이론과 실체, 임병웅, 특허청 국제지식재산연수원"

특허정보를 검색할 수 있는 사이트는, 지적재산권의 가치가 국익에 절대적인 비중을 차지하기 때문에, 국가별로 매우 다양하게 존재하며 서비스 품질 역시 매우 높다. 어떤 사이트를 사용하느냐는 조사의 목적이나 비용 그리고 규모에 의해 정할 수 있겠다. 개인이 자신의 아이디어를 특허출원하겠다는 생각이 들면 가장먼저 구글링을 하는 것도 좋은 방법이다. 인터넷 검색만으로도 기초적인 정보를 얻을 수 있으며 그 결과를 기초로 하여 정밀한 선행기술조사를 실시할 수 있다. 다음은 선행기술조사를 위한 주요검색 사이트를 나타낸다.

DB명	주요정보	URL	비고
KIPRIS	한국특허, 세계특허	www.kipris.or.kr	무료 한국특허정보원
USPTO	미국특허	http://www.uspto.gov/patft	무료 미국특허청
ESPACENET	세계특허	http://ep.espacenet.com	무료 유럽특허청
IPDL	일본특허	http://www.ipdl.inpit.go.jp/homepg.ipdl	무료 일본특허청
중국특허	중국특허(영문검색제공)	http://www.sipo.gov.cn	무료 중국특허청
대만특허	대만특허	http://www.tipo.gov.tw	무료 대만특허청
WIPS	한국, 미국, 일본, 유럽, 중국, PCT	http://www.2.wips.co.kr	유료
DELPHION	미국, 일본(PAJ), 유럽, 독일 PCT	http://www.delphion.com	유료
NRI	일본특허(공개, 등록, 공표, 기보)	http://www.patent.ne.jp	유료
MICRO PATENT	미국, 일본(PAJ), 유러브 PCT, 영국	http://www.micropatent.com	유료

출처, "특허법, 이론과 실체, 임병웅, 특허청 국제지식재산연수원"

특허정보를 검색하려면 검색항목을 정해야하는데 가능한 검색항목으로는 대상 기술 관련 키워드, 특허분류, 출원번호 또는 공개번호 같은 각종 번호 또는 일자, 그리고 출원인이나 발명자 같은 인명 등이 있다. 즉, 대상 기술에 대한 번호, 일자, 인명 등을 알면 그것으로 검색하고, 그렇지 않은 경우라면 해당 기술과 관련한 키워드나 특허분류를 통해 검색할 수 있겠다. 키워드 검색의 경우 검색식을 활용해서 검색범위를 조절한다. 다음은 키프리스 검색 연산자와 검색식의 예를 나타낸다.

구분	연산자	연산자 설명	검색식 예
AND	*	입력된 키워드 2개가 모두 포함된 검색	자동차*엔진
OR	+	입력된 키워드 중 1개라도 포함된 검색	자동차+엔진
NOT	!	입력된 키워드 2개 중 1개는 반드시 포함하고, 다른 1개는 포함하지 않는 검색	자동차!엔진
구문	""	공란이 포함되고 연속적으로 기재된 구문을 검색	"자동차 엔진"
인접 배열	^#	첫 번째 검색어와 두 번째 검색어의 거리가 #단어 이하로 있는 구문을 검색	자동차^#엔진

특허출원서

특허출원을 통하여 특허를 등록하려면 법으로 정해진 형식과 내용의 특허출원서를 제출해야한다. 특허법 제42조(특허출원)은 이 내용을 다음과 같이 규정하고 있다.

특허법 제42조(특허출원)

① 특허를 받고자 하는 자는 다음 각호의 사항을 기재한 특허출원서를 특허청장에게 제출하여야 한다.

1. 특허출원인의 성명 및 주소(법인인 경우에는 그 명칭 및 영업소의 소재지)
2. 특허출원인의 대리인이 있는 경우에는 그 대리인의 성명 및 주소나 영업소의 소재지 [대리인이 특허법인·특허법인(유한)인 경우에는 그 명칭, 사무소의 소재지 및 지정된 변리사의 성명]
3. 발명의 명칭
4. 발명자의 성명 및 주소

② 제1항에 따른 특허출원서에는 발명의 설명·청구범위를 적은 명세서와 필요한 도면 및 요약서를 첨부하여야 한다.

③ 제2항에 따른 발명의 설명은 다음 각 호의 요건을 모두 충족하여야 한다.

1. 그 발명이 속하는 기술분야에서 통상의 지식을 가진 사람이 그 발명을 쉽게 실시할 수 있도록 명확하고 상세하게 적을 것
2. 그 발명의 배경이 되는 기술을 적을 것

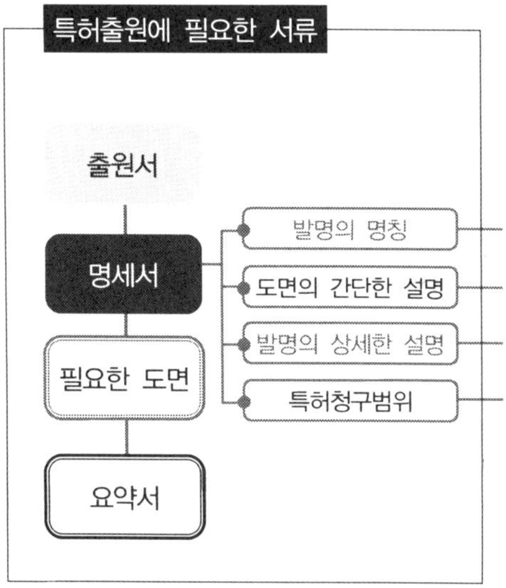

[발명의 설명]

[발명의 명칭]
[기술분야]
[발명의 배경이 되는 기술]
([선행기술문헌])
[발명의 내용]
[해결하고자 하는 과제]
[과제의 해결 수단]
[발명의 효과]
[도면의 간단한 설명]
[발명을 실시하기 위한 구체적인 내용]
[부호의 설명]

[청구범위]

[청구항 1]

[요약서]

[요약]
[대표도]

[도면]

[도 1]

※ 도면의 간단한 설명 위치 수정 (아래와 교환), 필요한 도면과 요약서 위치 교환

1) 특허출원서

특허출원서는 특허출원의 본체라 할 수 있는 것으로, 특허출원의 주체(특허출원인) 및 그 절차를 밟는 자(특허출원인 또는 대리인)를 명확히 하고, 특허를 받고자 하는 의사 표시를 나타낸 서면이며, 기타의 기재사항에 대한 신고서이다.

출원서의 주요 기재 사항은 아래와 같다.

- 특허출원인의 성명 및 주소(법인인 경우 그 명칭 및 영업소의 소재지)
- 특허출원인의 대리인이 있는 경우 그 대리인의 성명 및 주소나 영업소의 소재지(대리인이 특허법인인 경우에는 그 명칭, 사무소의 소재지 및 지정된 변리사의 성명)
- 발명의 명칭
- 발명자의 성명 및 주소
- 그 외 출원인코드, 분할, 변경출원인지 여부, 우선권주장 여부, 공지예외 규정 적용 여부, 심사청구 여부 등

2) 명세서

특허법에 의한 명세서에 기재할 사항은 아래와 같다.

- 발명의 명칭
- 발명의 상세한 설명
- 도면의 간단한 설명
- 특허청구범위

발명의 명칭은 발명의 표제일 뿐만 아니라 출원발명을 분류하여 기술분야를 특정하고 정리 및 검색을 용이하게 하는 역할을 하는 것으로 해당 발명의 내용에 따라 해당 기술 분야에서 통용되는 기술 용어를 사용하여 간단하면서 명료하게 기재하여야 한다. 발명의 명칭은 출원서 표지의 발명의 명칭, 보호받고자 하는 기술 주제 및 청구항 끝에 있는 기술 주제와 일치하여야하며, 막연하거나 장황해서는 안 되며, 발명의 내용에 맞추어 가급적 25자 이내로 작성한다. 아래 예 같이 명세서에는 영문 명칭이 포함되나, 등록특허공보에는 영문 명칭은 나타나지 않는다.

[발명의 명칭]
무테안경용 렌즈 고정장치(FIXING DEVICE OF LENS FOR FRAMELESS SPECTACLESSSSS)

2) 발명의 상세한 발명

특허제도는 기술을 공개하여 다른 사람이 그 발명을 이용할 수 있게 하려는 공익을 전제로 한 제도이다. 그러므로 발명의 상세한 설명은 청구항에 기재한 발명을 완전하고 명확하게 공개하여 다른 사람이 용이하게 실시할 수 있도록 하여야 한다. 발명의 상세한 설명의 기재는 그 발명이 속하는 기술분야에서 통상의 지식을 가진 자가 그 발명을 쉽게 실시할 수 있도록 법령이 정하는 기재방법에 따라 명확하고 상세하게 기재할 것, 그 발명의 배경이 되는 기술을 기재할 것의 요건을 충족하여야 한다(特許法 42③). 또한 특허청구범위의 청구항은 발명의 상세한 설명에 의하여 뒷받침되어야 한다(特許法 42④ I)

발명의 상세한 설명의 작성을 위한 기본 원칙은 다음과 같다.

① 발명의 주제가 명확할 것

② 표현하고자하는 기술적 내용을 정확하게 표현할 것
③ 발명을 이해하는데 도움이 되는 필수적인 내용을 기재할 것
④ 신규성 진보성 및 산업상 이용 가능성을 확인하는 데 필요한 내용을 기재할 것
⑤ 발명을 실시하는 데 필요한 구체적 내용을 기재할 것
⑥ 실시 가능하게 기재할 것

[발명의 상세한 설명]
[발명의 명칭]
무테안경용 렌즈 고정장치(FIXING DEVICE OF LENS FOR FRAMELESS SPECTACLESSSSS)

[기술분야]
본 발명은 무테안경용 렌즈 고정장치에 관한 것으로서 더욱 상세하게는 무테안경을 구성하는 렌즈와 다리 또는 렌즈와 코다리를 용이하게 고정할 수 있도록 개선한 고정장치의 제공에 관한 것이다.

[발명의 배경이 되는 기술]
안경은 렌즈를 장착한 프레임의 양측과 중앙에 힌지와 노즈프레임이 용접 등의 방식으로 고정되고, 힌지의 후단부에는 다리의 선단부를 결합하여 다리가 접철 가능하게 구성하고 있는 것이 일반적이다.

상기와 같은 프레임안경의 범위를 벗어나 보다 미적인 감을 높이면서 경량화로 착용감을 높일 수 있도록 개발된 것이 무테안경이며, 이러한 무테안경은 렌즈의 중앙부와 양측에 노즈프레임과 다리를 장착한 힌지가 볼트와 너트로 결합시켜 구성하고 있다.
이하 생략 ...

[발명의 내용]
[해결 하고자하는 과제]
상기와 같은 종래기술에서는 다리와 연결되는 힌지와 노즈프레임에 고정하기 위한 볼트를 분리하여 구성하고 있기 때문에 많은 부품으로 인한 생산공정이 복잡하여지는 것은 물론, 볼트와 너트의 크기가 수 밀리미터(mm) 정도에 지나지 않는 작은 부품이기 때문에 조립과정에서 누락 및 탈락으로 인한 손실의 우려가 있어 부품의 관리 등에 상당한 어려움이 발생한다.
그리고, 작은 크기의 볼트를 힌지와 노즈프레임에 고정하기 위한 수단으로 용접을 택하

고 있기 때문에 용접작업이 용이하지 못한 것은 물론, 용접 과정에서 발생하는 열에 의하여 용접부위가 열로 인하여 취약하게 되므로 완성된 안경을 착용하는 과정에서 쉽게 변형되거나 용접한 볼트가 탈락하게 되는 현상이 발생하게 된다.
이하 생략 ...

[과제 해결 수단]
이에 본 발명에서는 상기와 같은 문제점들을 해결하기 위하여 발명한 것으로서, 후방에 다리를 가지고 렌즈의 양측을 연결하는 힌지와 상기 렌즈 중앙을 연결하는 노즈프레임에 렌즈를 단속하기 위한 볼트와 너트로 구성되는 무테안경용 렌즈 고정장치에 있어서; 상기 볼트를 힌지 또는 노즈프레임을 구성하는 힌지바디와 노즈프레임바디의 일측 또는 양측에 볼트바디를 돌출시켜 일체로 형성하고, 상기 볼트바디에는 나사산을 후 가공을 통하여 형성하여 너트를 나사 결합하여 무테안경의 렌즈를 단속하도록 함으로서, 원가절감과 조립공수의 축소 및 미려한 디자인을 제공하면서 착용감이 우수하도록 하여 무테안경의 품질을 높이면서 대외적인 경쟁력을 확보할 수 있는 목적을 달성할 수 있다.

[효과]
본 발명은 무테안경을 구성하는 렌즈와 고정하기 위한 볼트를 힌지와 노즈프레임에 일체로 형성하여 전체 생산 및 조립공수를 대폭 절감하여 생산성의 향상과 생산원가를 절감할 수 있도록 하는 것은 물론, 원 소재의 크기를 줄이면서 디자인적인 변형성을 높여 이용자들의 착용감을 높이면서 미려한 디자인을 제공하고 관련 부품의 관리의 용이성을 제공할 수 있는 등 무테안경 전체의 품질을 높일 수 있는 등 많은 효과를 가지는 발명이다.

[발명의 실시를 위한 구체적인 내용]
이하 첨부되는 도면과 관련하여 상기 목적을 달성하기 위한 본 발명의 바람직한 구성과 작용에 대하여 설명하면 다음과 같다.
이하 생략 ...

첨부한 도면이 있는 경우 도면의 간단한 설명란에는 도면의 각각에 대하여 각 도면이 무엇을 나타내는가를 기재한다. 부호의 설명 란에는 도면의 주요부분에 대한 부호의 설명을 기재하되, 도면의 주요부분에 대한 부호의 설명은 청구항에 기재된 모든 구성 요소의 명칭과 이에 대응하는 도면 부호를 아래 예시와 같이 기재하여야 한다.

[도면의 간단한 설명]
도 1은 본 발명의 기술이 적용된 무테안경용 렌즈 고정장치를 도시한 분해 상태의 사시도.

이하 생략 ...

[부호의 설명]

[0040] 100; 렌즈 고정장치

[0041] 103; 힌지

[0042] 104; 노즈프레임

[0043] 105; 볼트

[0044] 109; 볼트바디

[0045] 113; 연결링

[0046] 115; 노즈필러

[도 1]

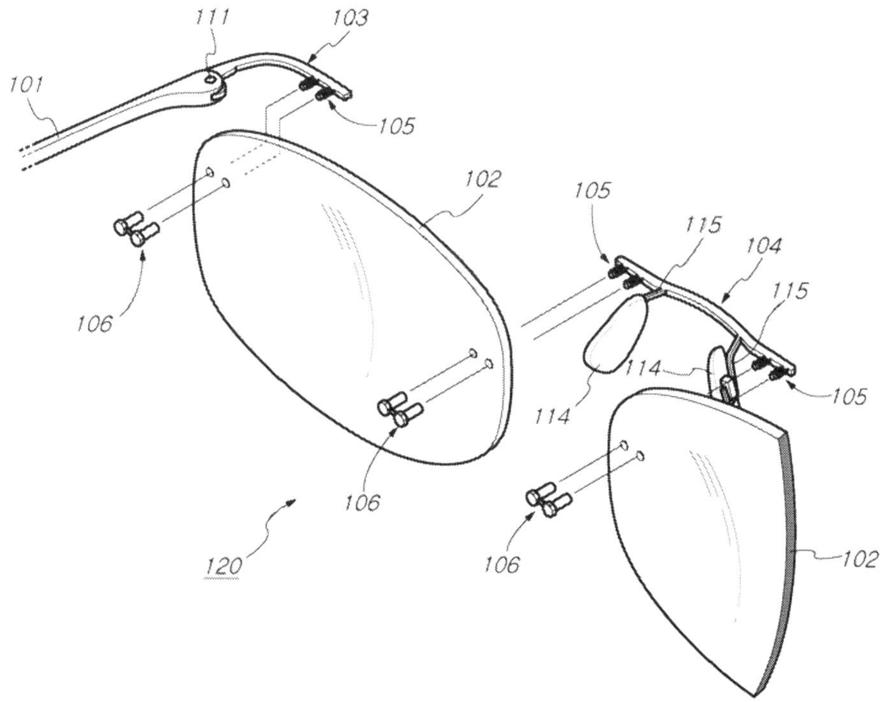

특허청구범위는 출원인에게는 권리요구 부분이고, 특허청에게는 특허 요건 판단의 주요 부분이며, 제3자에게는 출원인이 독점 배타권을 갖는 권리범위이므로 특허출원 및 특허권의 핵심 부분이다. 특허청구범위가 법으로 정한 기재 요건을 충족시키지 못한 때는 제3자가 부당하게 그 권리에 의하여 제약을 받을 수 있고, 권리자 자신도 특허를 받을 수 없게 되거나

불필요한 분쟁을 할 수 있고, 특허청 입장에서는 불필요한 심사 또는 심판을 해야 하므로 출원인은 특허청구범위를 작성하는데 충분히 유의할 필요가 있다. 특허청구범위 기재와 관련한 특허법은 다음과 같다.

- 특허청구범위의 청구항은 발명의 상세한 설명에 의하여 뒷받침되어야 한다(特許法 42④Ⅰ)
- 특허청구범위의 청구항은 발명이 명확하고 간결하게 기재되어야 한다(特許法 42④Ⅱ).
- 특허청구범위를 기재할 때에는 보호받고자 하는 사항을 명확히할 수 있도록 발명을 특정하는데 필요하다고 인정되는 구조·방법·기능·물질 또는 이들의 결합관계 등을 기재하여야 한다(特許法 42⑥).
- 특허발명의 보호범위는 특허청구범위에 기재된 사항에 의하여 정하여진다(特許法 97).

특허청구범위를 작성할 때는 특허가 등록될 수 있도록 유사한 선행기술이 있는 경우 선행기술과 구별되게 구성하거나 작용효과상 차이를 기재하여 신규성과 진보성이 부전되지 않도록 한다. 또한 강한 특허가 되도록 가능한 구성요소를 적게 하고, 포괄적인 용어를 사용하고 불필요한 제한이 없도록 해야 한다. 또한, 포괄적인 독립항에서 구체적인 종속항의 순으로 단계적으로 작성한다. 권리 취득 후 침해에 대비하여 가능하면 물건이나 물질발명을 제조방법과 함께 청구하며, 주로 누구에게 권리를 행사할지, 침해 예상 대상물이 무엇일지를 사전에 고려할 필요가 있다.

[특허청구의 범위]

[청구항 1]

후방에 다리(101)를 가지고 렌즈(102)의 양측을 연결하는 힌지(103)와 상기 렌즈(102) 중앙을 연결하는 노즈프레임(104)에 렌즈(102)를 단속하기 위한 볼트(105)와 너트(106)로 구성되는 무테안경용 렌즈 고정장치(100)에 있어서;

상기 볼트(105)를 힌지(103) 또는 노즈프레임(104)을 구성하는 힌지바디(107)와 노즈프레임바디(108)의 일측 또는 양측에 볼트바디(109)를 돌출시켜 일체로 형성하고;

상기 볼트바디(109)에는 나사산(110)을 후 가공을 통하여 형성하여 너트(106)를 나사결합하여 무테안경의 렌즈(102)를 단속하도록 하는 것을 특징으로 하는 무테안경용 렌즈 고정장치.

[청구항 2]
제 1 항에 있어서;
상기 힌지(103) 또는 노즈프레임(104)과 일체로 형성하는 볼트(105)는 금속판재로 프레싱을 통하여 형성하는 것을 특징으로 하는 무테안경용 렌즈 고정장치.

이하 생략 ...

3) 요약서

요약서는 명세서와 도면을 통하여 공개한 발명 내용을 압축한 것으로 법률적 효력이 없는 부분이다. 즉, 요약서는 특허발명의 보호 범위를 정하는 데에는 사용할 수 없다. 따라서 요약서에만 기재된 사항은 보정에 의하여 명세서에 추가할 수 없다. 그럼에도 요약서가 공개되는 경우 공개된 자료는 선행 기술 자료가 될 수 있다.

요약서에는 발명 내용을 문자로 요약하는 [요약] 부분과 도면이 있는 경우 발명을 대표할 수 있는 [대표도] 및 검색에 유용한 키워드 등이 포함되도록 기재한다. 요약서의 [요약] 부분은 발명 또는 고안의 명칭 및 해당 기술 분야를 기재하여야 하며, 해결하고자 하는 기술 과제, 그 문제를 해결하기 위한 구성을 위주로 명료하게 기재해야 한다. 도면이 있는 특허출원은 출원인이 그 발명 또는 고안의 기술특징을 가장 잘 나타낼 수 있는 하나의 [대표도]를 지정하여 제공한다. 요약서 내용은 발명의 내용을 용이하게 파악할 수 있도록 기술 분야, 해결하고자 하는 과제, 과제의 해결 수단, 효과 등이 포함되도록 기재 하고, 가능한 한 간결하게 작성한다.

[요약서]
[요약]
본 발명은 원가절감과 조립공수의 축소 및 미려한 디자인을 제공하면서 착용감이 우수하도록 하여 무테안경의 품질을 높이면서 대외적인 경쟁력을 확보할 수 있도록 한 무테안경용 렌즈 고정장치에 관한 것으로서,

후방에 다리를 가지고 렌즈의 양측을 연결하는 힌지와 상기 렌즈 중앙을 연결하는 노즈프레임에 렌즈를 단속하기 위한 볼트와 너트로 구성되는 무테안경용 렌즈 고 장치에 있어서;
상기 볼트를 힌지 또는 노즈프레임을 구성하는 힌지바디와 노즈프레임 바디의 일측 또는 양측에 볼트바디를 돌출시켜 일체로 형성하고, 상기 볼트바디에는 나사산을 후 가공을 통하여 형성하여 너트를 나사 결합하여 무테안경의 렌즈를 단속하도록 한 것이 특징이다.

[대표도]

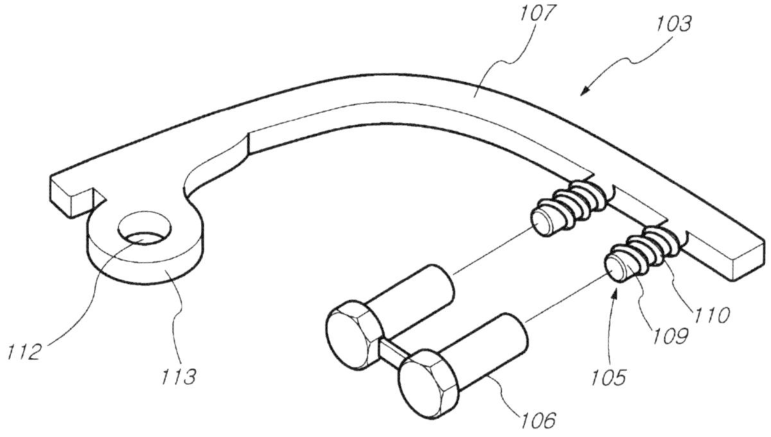

4) 도면

도면은 특허법상 발명의 상세한 설명과 유사한 기능을 가진다. 즉, 도면은 그림을 이용하여 발명의 상세한 설명을 보충하여, 다른 사람이 발명이나 고안의 구성을 직관적, 형상적으로 이해할 수 있도록 하는 작용을 한다. 출원서에 첨부된 도면에 관한 기술내용은 보정을 통하여 상세한 설명이나 청구범위에 추가할 수 있고, 청구범위 해석 시 참작하게 되며, 분할출원이나 우선권 주장 출원의 기초가 되기 때문에 발명의 상세한 설명과 유사한 기능을 가진다. 특허출원에 있어서는 문자를 사용하여 그 기술방안을 명료하고 완전하게 기술할 수 있는 경우에는 도면이 없어도 된다. 반면에 실용신안등록출원의 경우에는 반드시 도면을 첨부하여야 한다.

[도면]

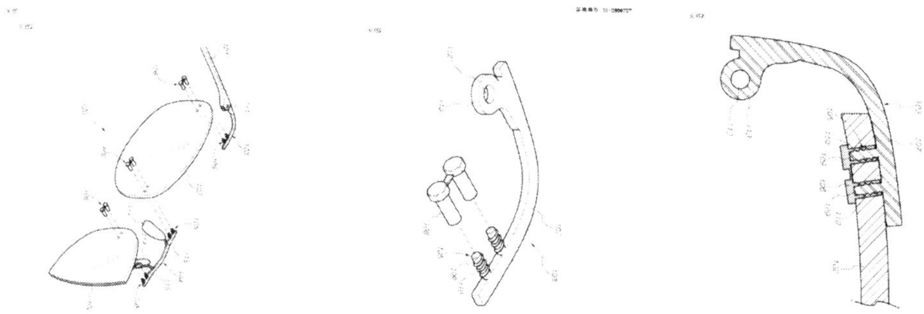

전자출원

산업재산권의 취득을 위원 출원, 심사, 및 등록 등과 관련하여 관련된 문서를 제출하거나 또는 통지서 등을 수령해야 한다. 이러한 일체의 업무를 특허청에 직접 방문하지 않고 온라인을 통하여 처리하는 제도를 전자출원이라고 한다. 권리를 얻으려는 민원인과 특허청이 출원, 심사, 등록, 심판 단계에서 요구되는 각종 서류를 전자문서로 작성하고 인터넷을 통해 전송할 수 있도록 한 편리한 민원처리 절차이다.

전자출원 절차

전자출원 과정은 아래와 같다.

1) 특허로 사이트에서 출원인코드부여신청 및 전자문서이용신청
2) 부여된 출원인코드번호를 이용하여 특허청 인증서 발급 또는 공인 인증서 등록
3) 특허로 사이트에서 전자출원을 위한 소프트웨어인 특허문서작성기(K-Editor)와 서식작성기(KEAPS)를 내려 받아 설치
4) 특허문서작성기(명세서작성프로그램)를 이용하여 명세서를 작성하거나 작성 중이던

파일을 불러온 후 작성이 완료되면 파일을 XML로 변환한 후 저장합니다.

5) 서식작성기(신청서표지 작성과 출원서 제출 프로그램)에서 특허출원서신청서 서식을 열고 출원인코드 등의 기재사항들을 기재한 후 명세서 파일을 첨부하고 인증서를 이용하여 전자문서제출을 완료합니다.

전자출원 따라 하기

1) 특허로 사이트(https://www.patent.go.kr/jsp/ka/navigation/NaviStepA.jsp)에 접속하여 전자출원따라하기 안내 메뉴에 따라 단계별로 진행한다.

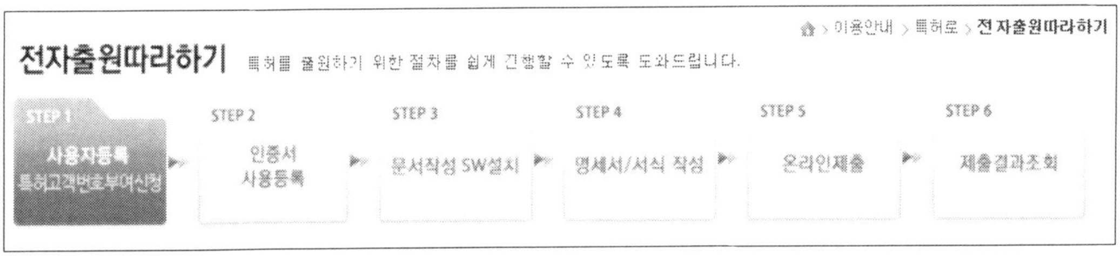

2) 사용자 등록(특허고객번호 부여 신청)

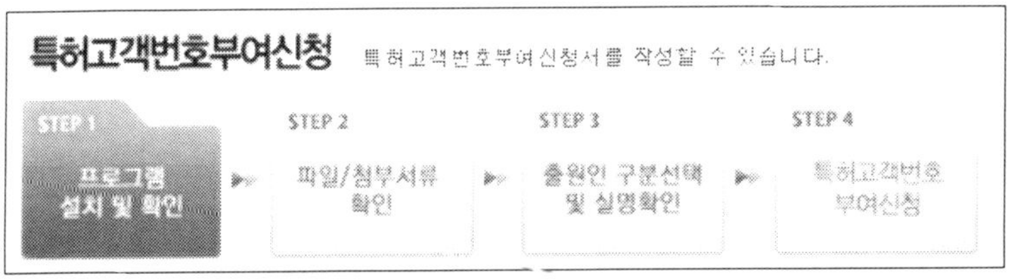

안내에 따라 진행하되, 특히 출원인 정보를 아래와 같이 입력한다.

기존에 특허고객번호를 발급받은 경우에는 아래와 같이 확인 화면이 나온다.

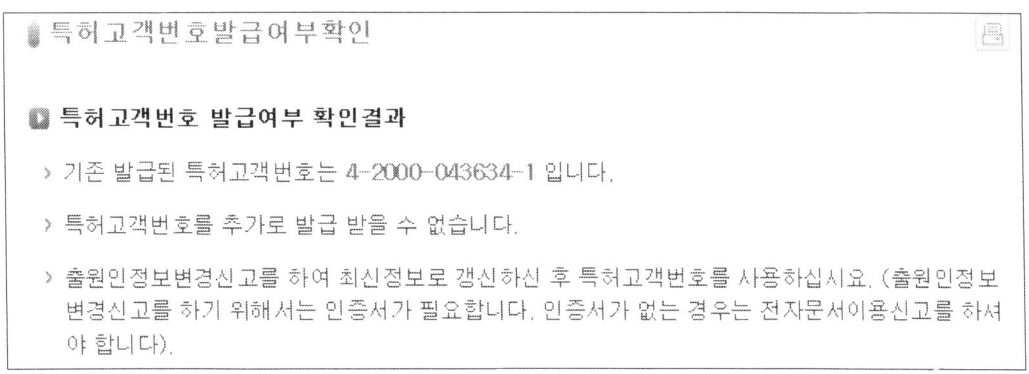

3) 인증서 사용 등록

인증서 사용 등록에는 일반적으로 은행용 공인인증서를 사용하면 된다.

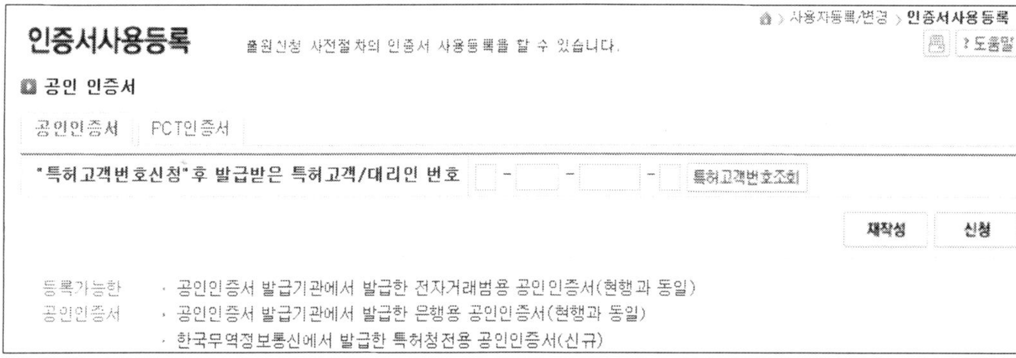

상기 고객특허번호 입력란에 번호를 입력하고 <신청> 메뉴를 클릭하면 아래 화면이 나오며, 이 화면 상에서 자기의 공인인증서를 등록하면 된다.

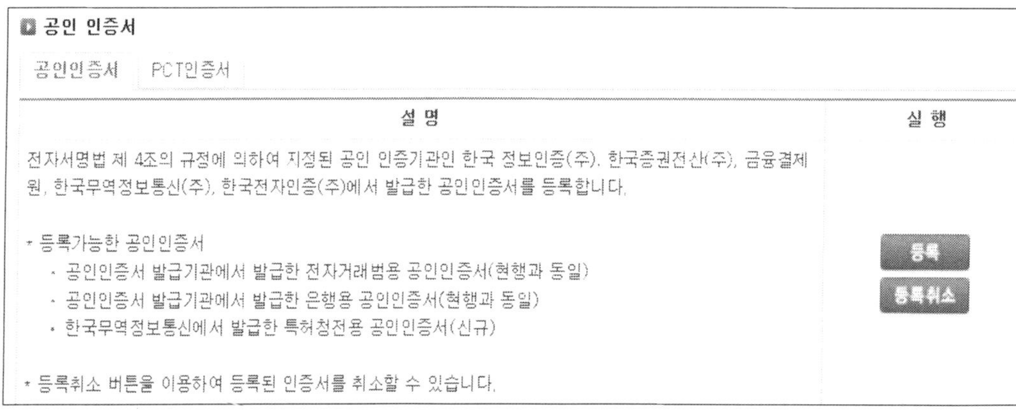

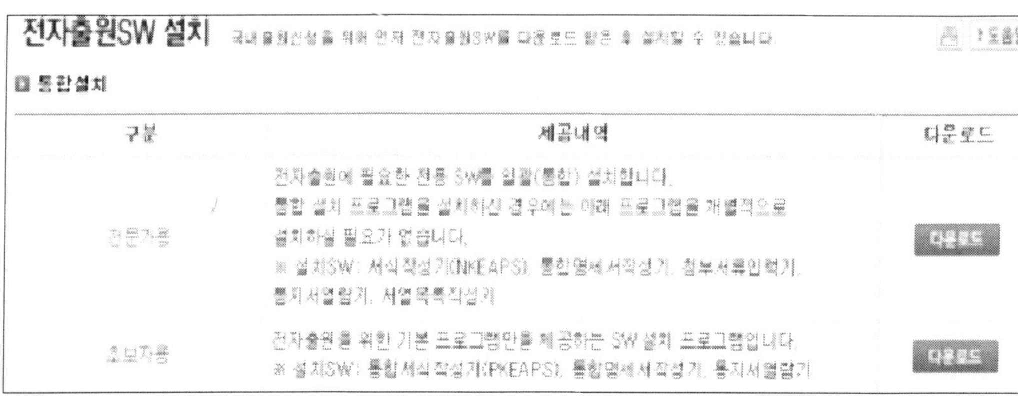

4) 국내출원을 위한 전자출원 소프트웨어 설치

인증서 등록을 완료한 후 아래 화면 예시의 순서에 따라 우선 전자출원 소프트웨어를 다운 받아 설치한다. 아래와 같은 전자출원SW 설치 안내 메뉴에서 해당 다운로드 메뉴를 클릭하여 PC에 설치함. 처음에는 초보자용으로 설치하는 것이 무난하다.

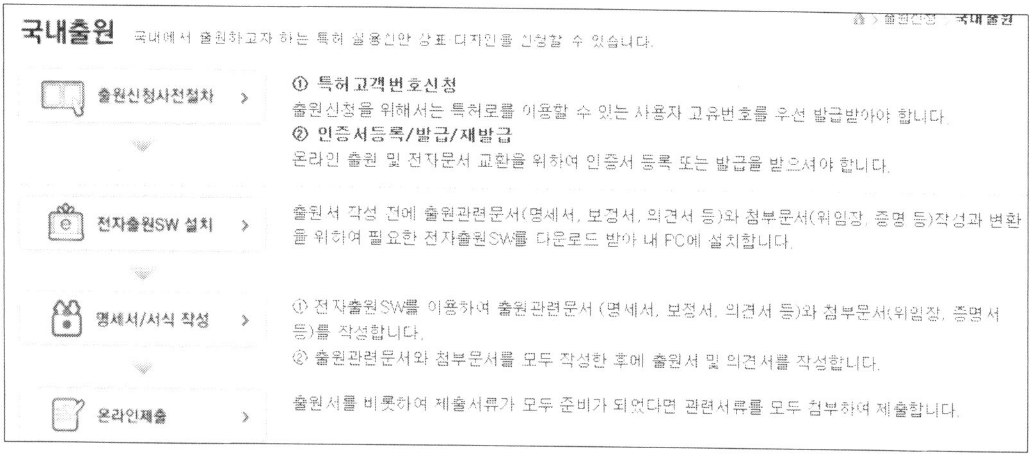

5) 요약서, 명세서, 도면 작성

전자출원 소프트웨어 설치를 완료하면 다음 페이지 그림처럼 상세 작성 안내 메뉴가 나옴. 일반적인 명세서 작성 방법에 기반을 두어 이 안내 메뉴를 참조하여 명세서 등을 작성하면 된다.

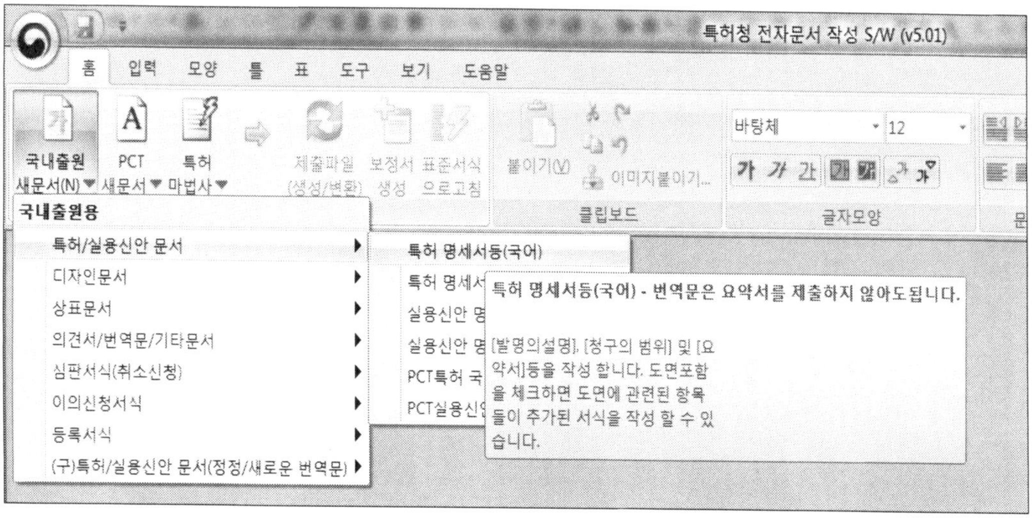

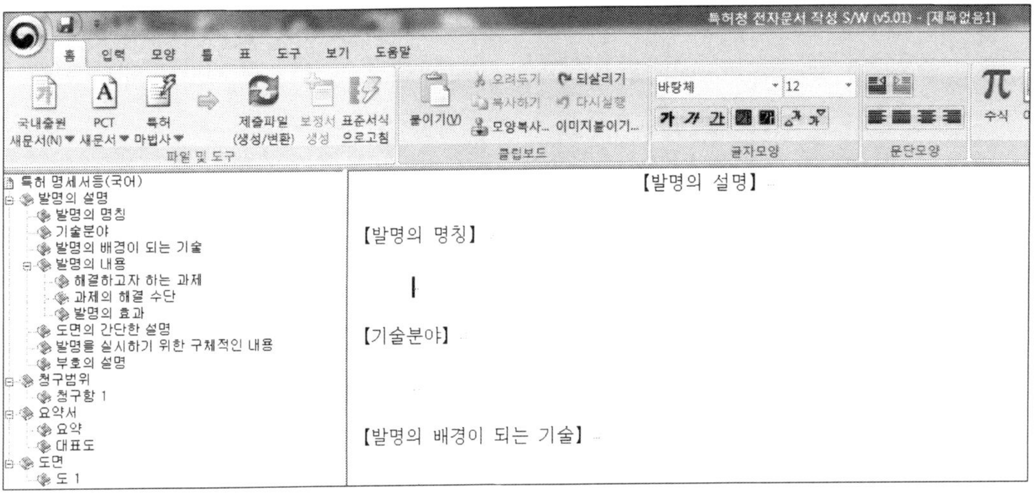

상세한 작성 안내를 받고 싶으면 아래 안내 왼쪽 그림과 같은 안내 메뉴를 따라 한다.

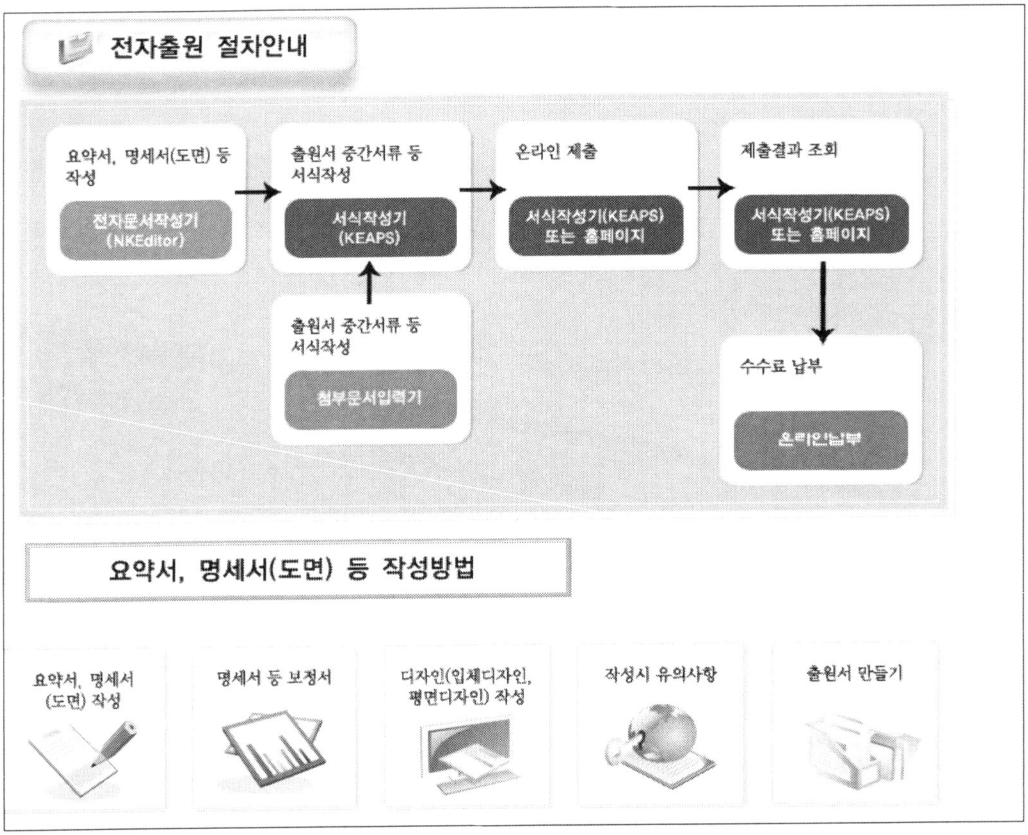

작성을 완료 후 XML로 변환한 후 아래와 같이 오류여부를 확인한다.

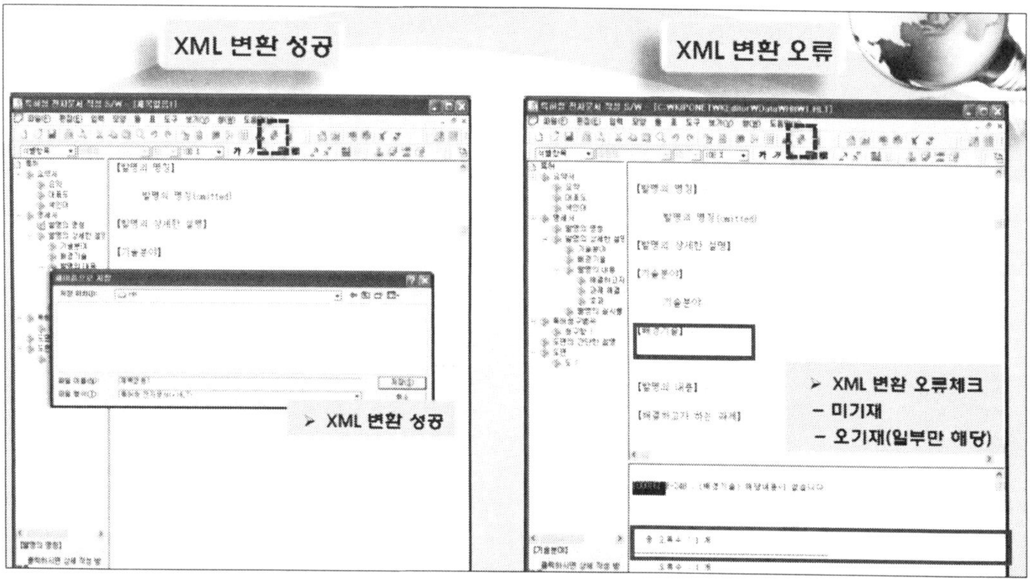

6) 서식 작성기를 사용해서 기타 서지 사항과 수수료를 납부한다.

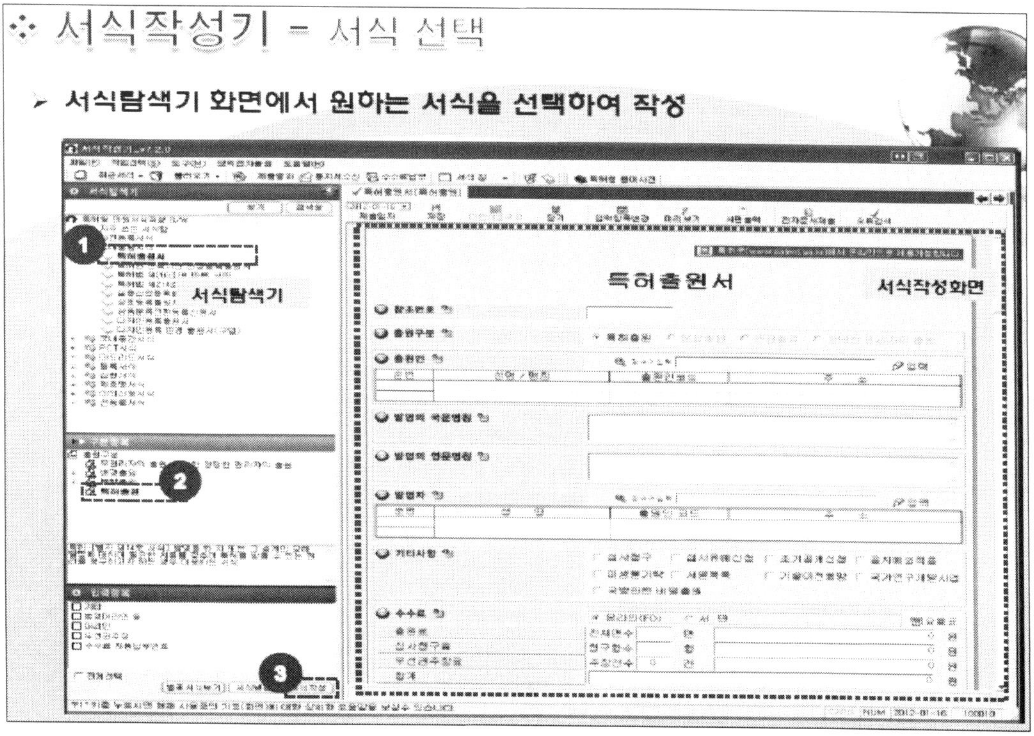

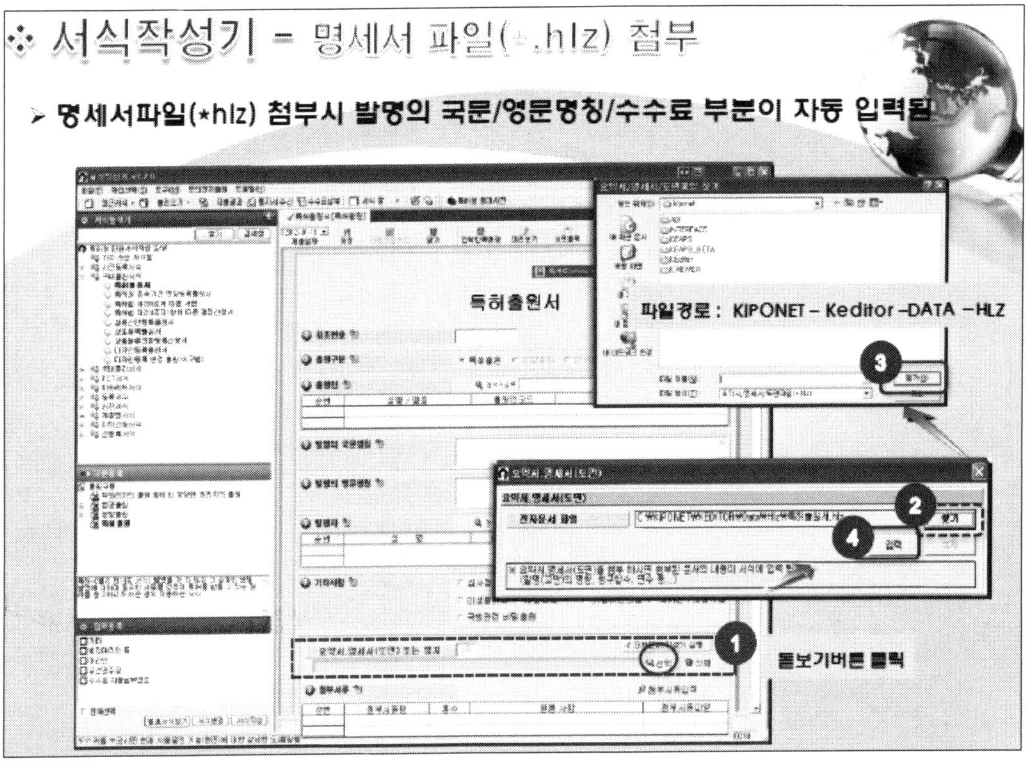
서식작성기 - 명세서 파일(*.hlz) 첨부
명세서파일(*hlz) 첨부시 발명의 국문/영문명칭/수수료 부분이 자동 입력됨
특허출원서
파일경로 : KIPONET – Keditor –DATA –HLZ
돋보기버튼 클릭

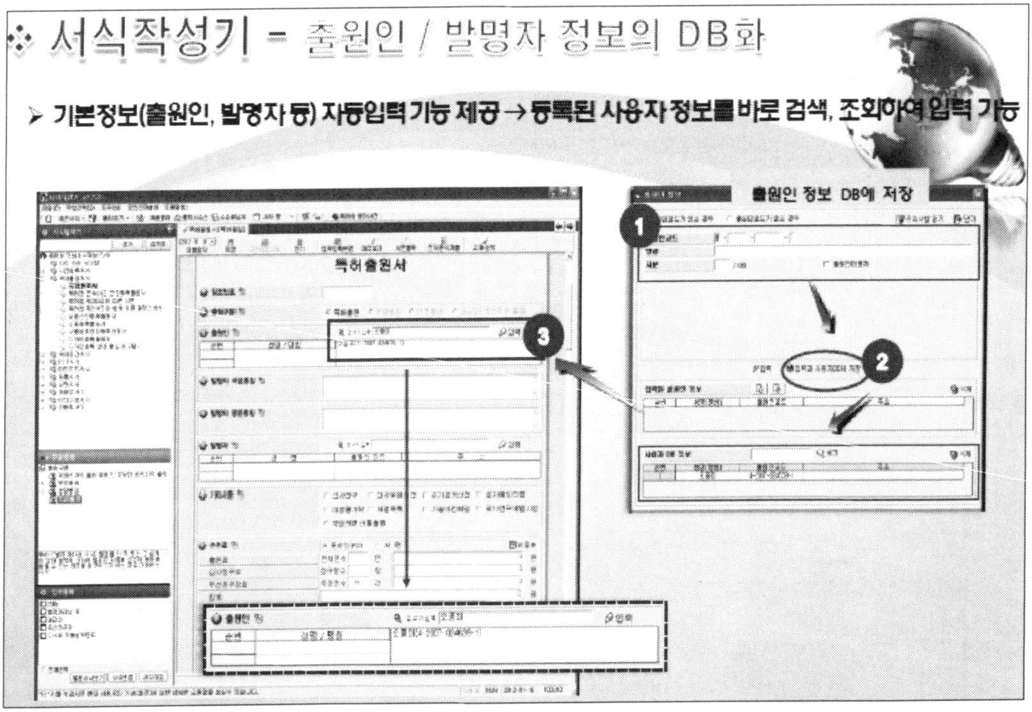
서식작성기 - 출원인 / 발명자 정보의 DB화
기본정보(출원인, 발명자 등) 자동입력 기능 제공 → 등록된 사용자 정보를 바로 검색, 조회하여 입력 기능
특허출원서
출원인 정보 DB에 저장

∴ 서식작성기 – 기타사항 항목 작성

➢ **기타사항 입력시 해당란에 체크**

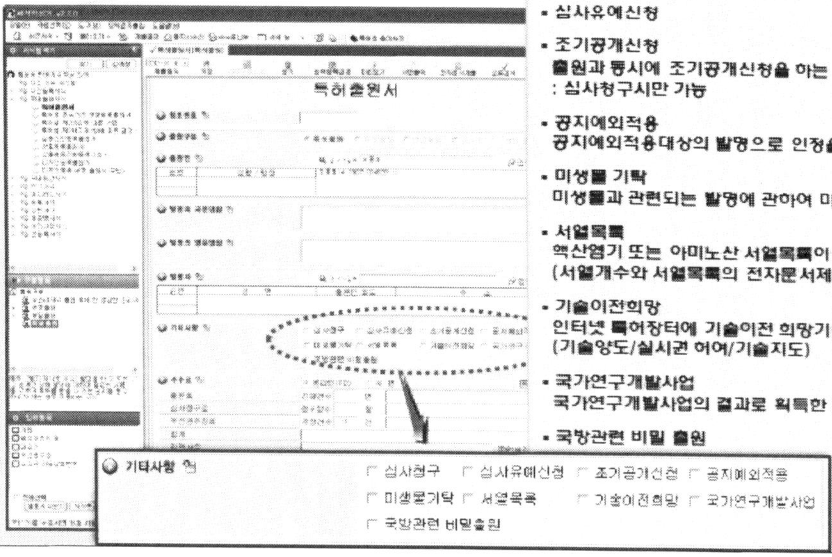

- **심사청구**
  출원과 동시에 출원심사를 청구하는 경우
  (단, 특허청구범위가 기재된 경우)
- **심사유예신청**
- **조기공개신청**
  출원과 동시에 조기공개신청을 하는 경우
  : 심사청구시만 가능
- **공지예외적용**
  공지예외적용대상의 발명으로 인정을 받고자 하는 경우
- **미생물 기탁**
  미생물과 관련되는 발명에 관하여 미생물을 기탁할 경우
- **서열목록**
  핵산염기 또는 아미노산 서열목록이 포함된 출원인 경우
  (서열개수와 서열목록의 전자문서제출 여부 기재)
- **기술이전희망**
  인터넷 특허장터에 기술이전 희망기술로 등재
  (기술양도/실시권 허여/기술지도)
- **국가연구개발사업**
  국가연구개발사업의 결과로 획득한 발명을 출원하는 경우
- **국방관련 비밀 출원**

∴ 서식작성기 – 첨부서류(*.att) 첨부

➢ **서식작성기와 첨부서류 입력기 통합설치, 첨부서류 작성후 저장한 경로 자동 입력**

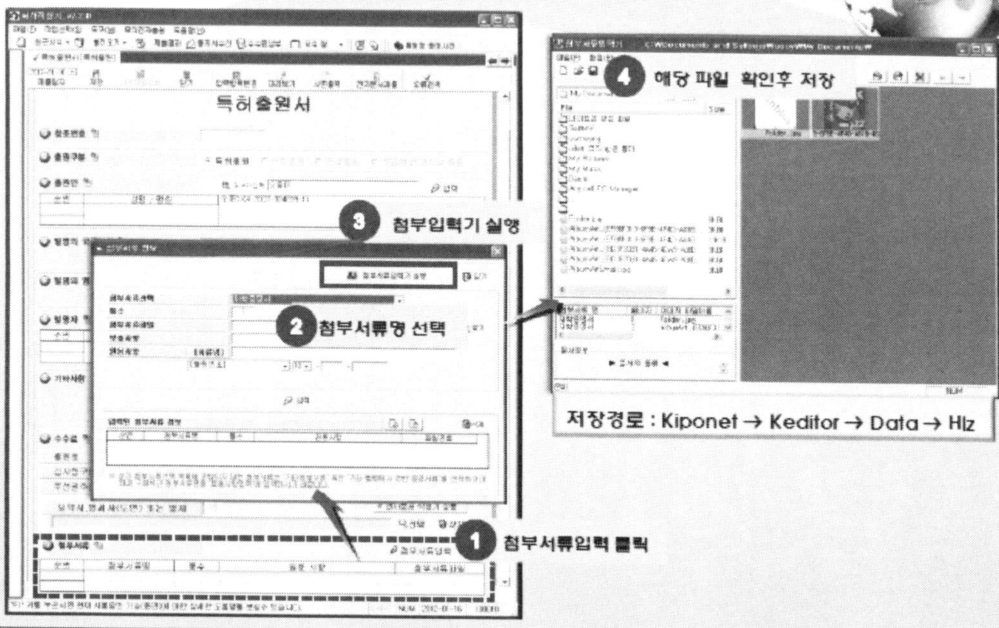

❖ 서식작성기 - 완료된 서식 저장

➢ **작성 완료된 서식을 저장함. 서식파일은 *.BIB로 저장**

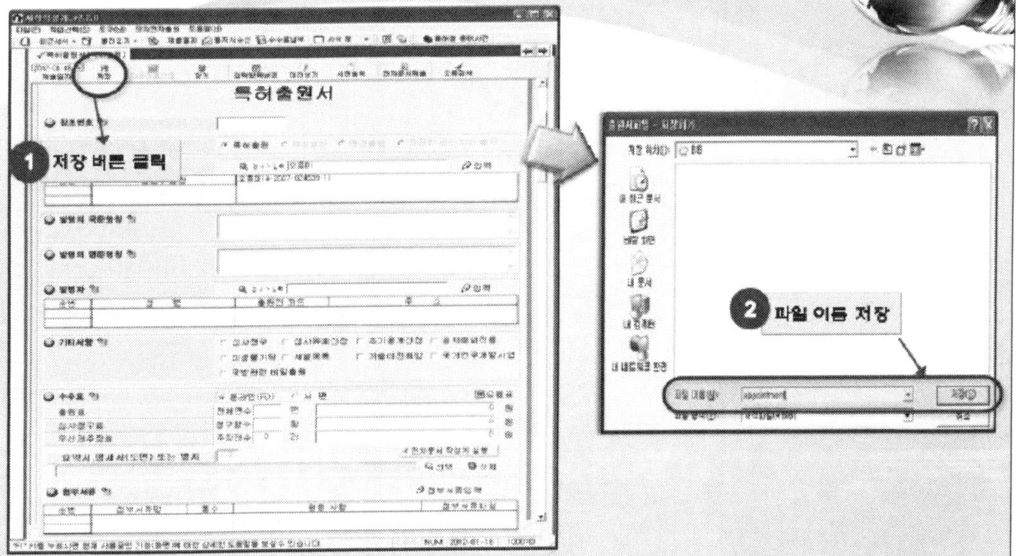

❖ 서식작성기 - 1단계 : 전자문서 제출[제출문서 생성]

➢ **온라인 제출을 위해서는 전자문서 제출 단계를 거쳐 전자서명이 필요**

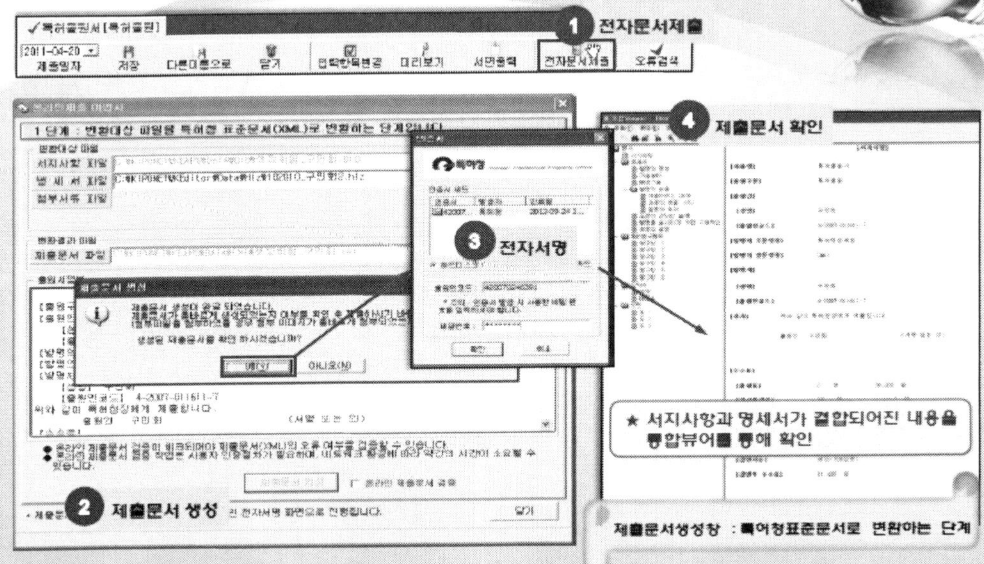

∵ 서식작성기 - 1-1단계 : 전자문서 제출[온라인 제출문서 검증]

➢ **온라인 제출문서 검증 - 제출이전에 서류의 흠결 여부 점검하는 사전 검증 절차**

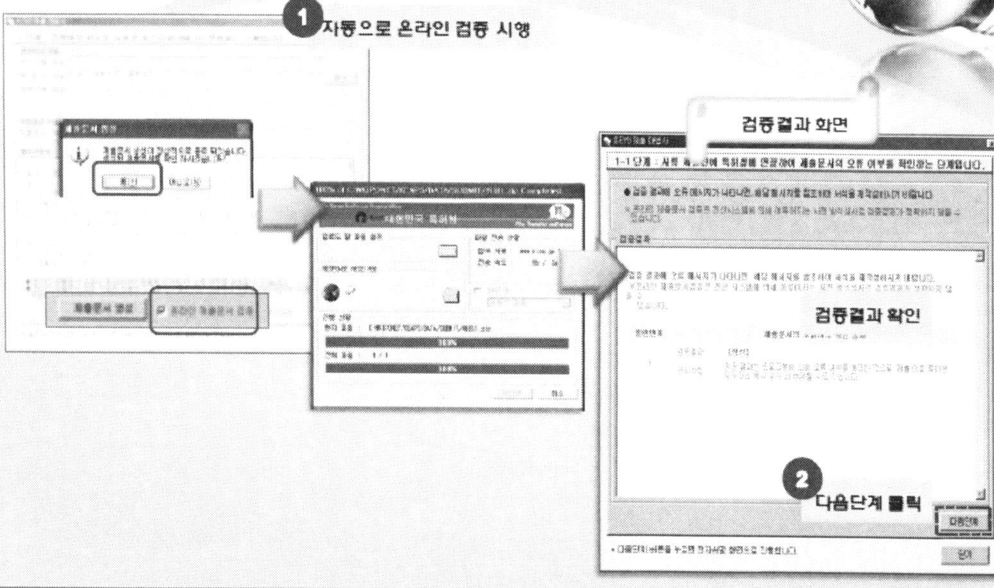

∵ 서식작성기 - 2단계 : 전자문서 제출[전자 서명]

➢ **전자서명 단계 - 발급받은 인증서로 전자서명 수행.**

➢ **출원인이 여러명인 경우 → 모두 전자서명 수행 / 대리인 있는 경우 → 대리인이 전자서명**

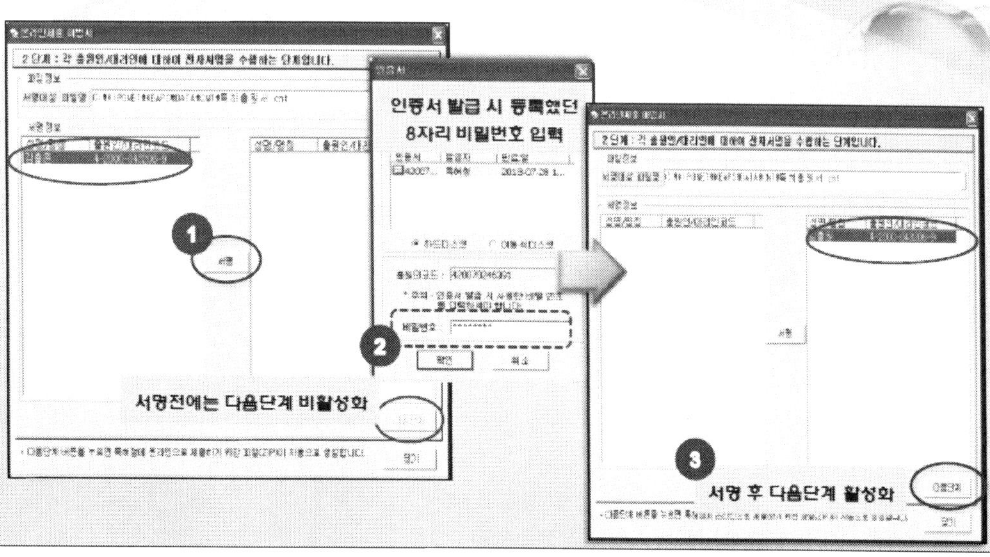

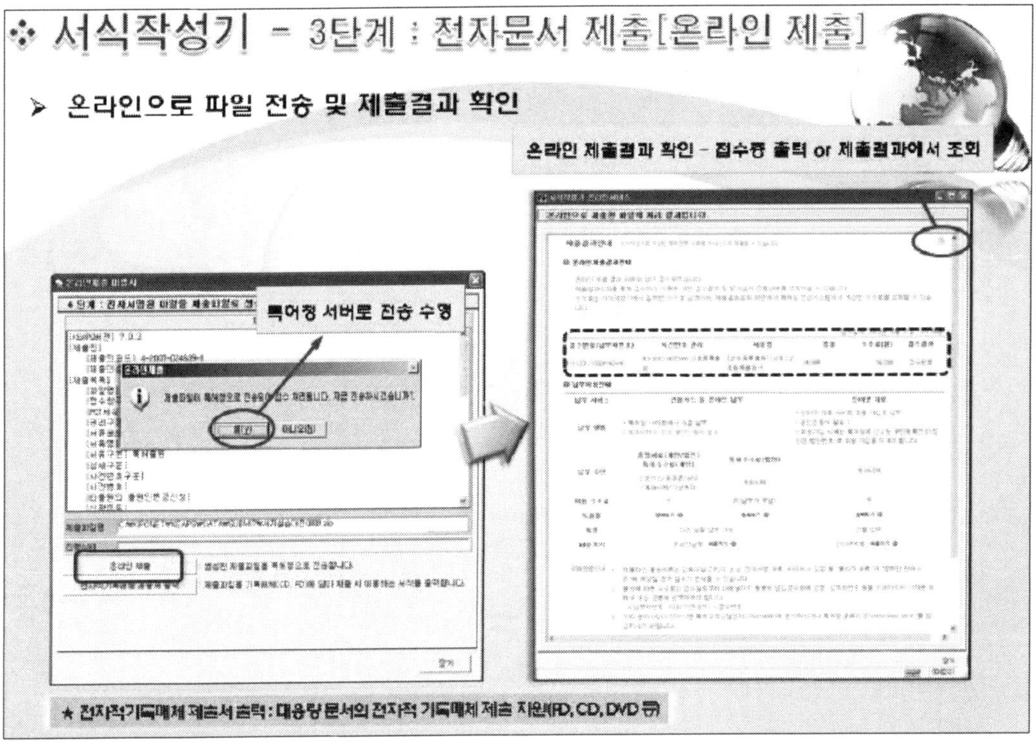
서식작성기 - 3단계 : 전자문서 제출[온라인 제출]
온라인으로 파일 전송 및 제출결과 확인
온라인 제출결과 확인 - 접수증 출력 or 제출결과에서 조회
특허청 서버로 전송 수행
★ 전자적기록매체 제출서 출력 : 대용량 문서의 전자적 기록매체 제출 지원(FD, CD, DVD 등)

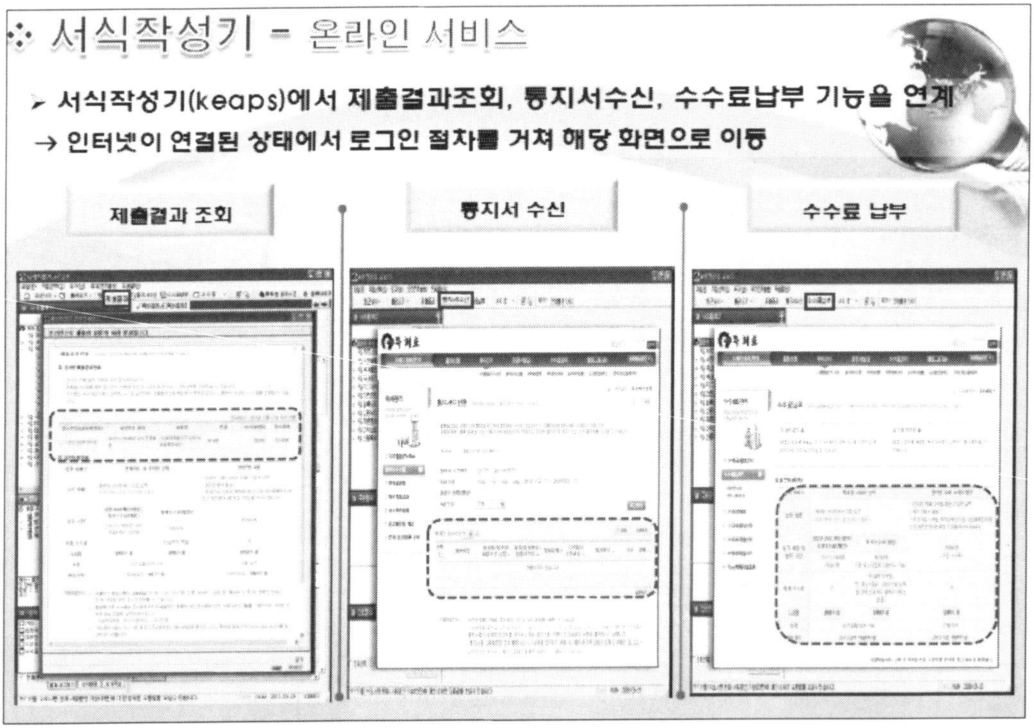
서식작성기 - 온라인 서비스
서식작성기(keaps)에서 제출결과조회, 통지서수신, 수수료납부 기능을 연계
→ 인터넷이 연결된 상태에서 로그인 절차를 거쳐 해당 화면으로 이동
제출결과 조회
통지서 수신
수수료 납부

∴ 서식작성기 - 수수료 납부[수수료 영수증 출력]

- 서식작성기에서 제출결과 클릭 → 인증서 로그인 → 제출이력 화면에서 수수료 금액 클릭
- 수수료납부는 제출일로부터 다음날(토요일 및 공휴일은 제외)까지 반드시 납부

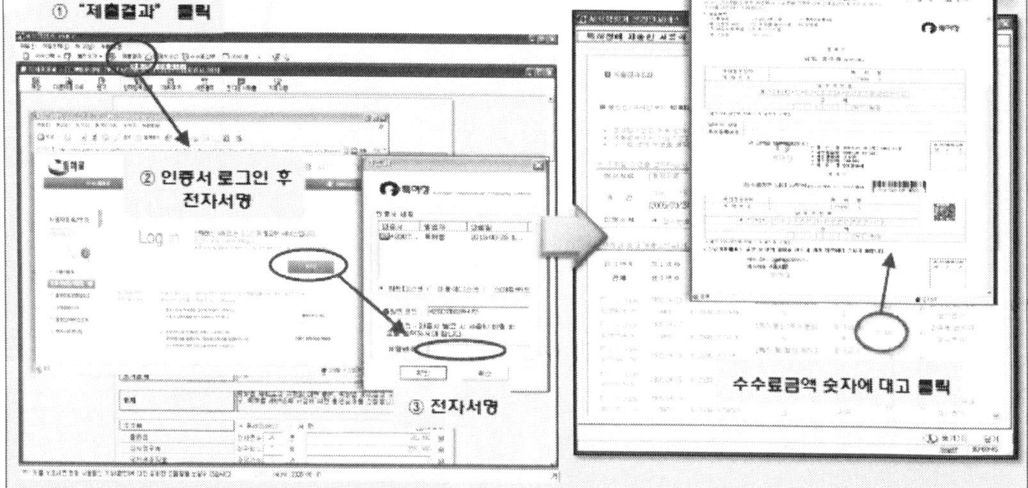

∴ 서식작성기 - 수수료 납부[인터넷지로, 온라인납부]

- 회원가입이나 공인인증서를 이용하여 로그인

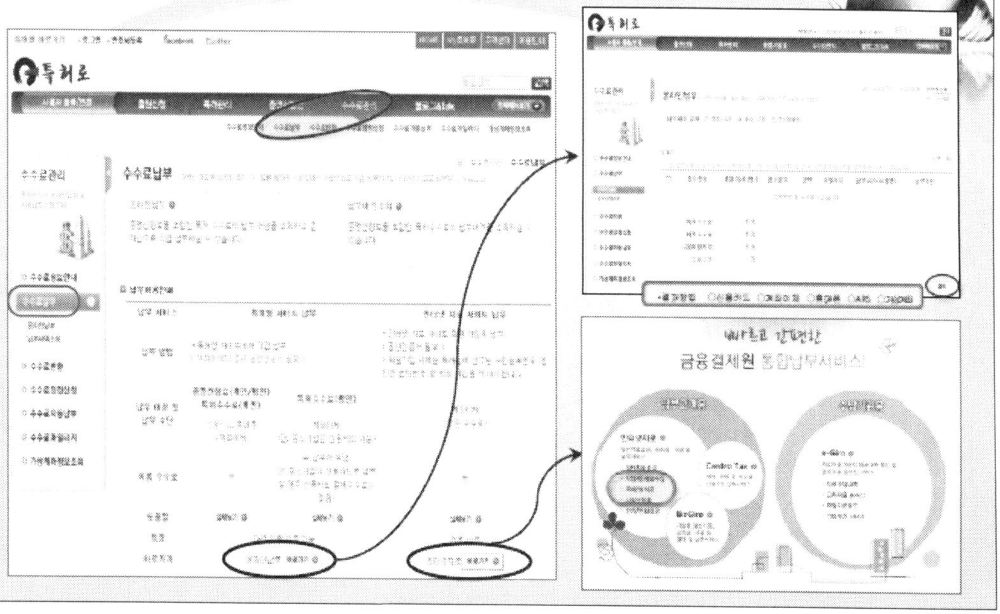

찾아보기

숫자

영문

발명특허와 트리즈

2021년 12월 24일 초판 인쇄

2021년 12월 27일 인쇄 발행

저 자 강태원

발 행 인 송기수

발 행 처 도서출판 GS인터비전

편 집 처 도서출판 GS인터비전

표지디자인 도서출판 GS인터비전

인 쇄 처 대명프린팅

등 록 번 호 제 25100-2016-000050호

I S B N 979-11-5576-385-8(93500)

주 소 서울 은평구 증산로 15길 69 2층

전 화 02-976-7898, 02-3272-7898.

팩 스 02-6468-7898

홈페이지 gsintervision.co.kr

E-Mail gsinter7@gmail.com

정 가 18,000원